EN UNA CIUDAD LLAMADA
SAN JUAN

RENÉ MARQUÉS

EN UNA
CIUDAD LLAMADA
SAN JUAN

(Cuentos)

TERCERA EDICION

(AMPLIADA)

EDITORIAL CULTURAL, INC.
Río Piedras, P. R.
1 9 7 0

© *by*, René Marqués, 1970

Depósito legal: M. 2.219 - 1970

Impreso en España - Printed in Spain

Tordesillas, Organización Gráfica
Sierra de Monchique, 25 - Madrid-18

Í N D I C E

CUENTOS DE RENÉ MARQUÉS

La primera edición del segundo volumen de cuentos de René Marqués, *En una ciudad llamada San Juan*, la publicó la Universidad Nacional de México en 1960 y constaba de diez cuentos, la mayoría de los cuales había ganado premios en concursos del Ateneo Puertorriqueño, algunos publicados en la revista «Asomante» y varios ya traducidos a otros idiomas y «antologizados» en colecciones puertorriqueñas y extranjeras.

Habiendo obtenido el libro mención honorífica en concurso del Cuento Hispanoamericano, auspiciado por la Casa de las Américas, de Cuba, esa entidad cultural publicó una segunda edición dentro de su Colección Concurso en 1962.

Agotadas ambas ediciones, Editorial Antillana publica esta tercera edición, ampliada por el propio autor, para abarcar, dentro de la unidad temática que señala el título *(En una ciudad llamada San Juan)*, tres cuentos anteriores y dos posteriores a las ediciones mencionadas.

Los tres cuentos anteriores pertenecen al primer volumen de cuentos de Marqués, ya agotado, *Otro día nuestro*, con prólogo de la doctora Concha Meléndez y publicado en San Juan en 1955 *. Las tres piezas de dicho volumen que aquí se incluyen son: *Otro día nuestro, El juramento* y *El miedo*. El ter-

---

* René Marqués, *Otro día nuestro* (prólogo de Concha Meléndez y portada de Rafael Tufiño), Imprenta Venezuela, San Juan, Puerto Rico, 1955.

cero obtuvo Premio del Cuento del Ateneo en 1948, actuando como jurado el novelista peruano Ciro Alegría, el poeta Luis Palés Matos y el doctor Tomás Blanco. Con este cuento *(El miedo)*, afirma la doctora Meléndez, se introduce por vez primera el existencialismo en la literatura puertorriqueña.

Los dos cuentos posteriores a la última edición (1962) de *En una ciudad llamada San Juan* y publicados en la revista «Asomante» son *La crucifixión de Miss Bunning* (1963) y *La chiringa azul* (1966).

La presente edición, ampliada, incluye, pues, un total de quince de los más importantes y significativos cuentos de René Marqués de 1948 a 1966. (El autor ha rehusado incluir otros cuentos anteriores que el editor juzga valiosos y dos aún inéditos, escritos en 1968, por no querer el cuentista romper la unidad temática que él se impuso originalmente con el título de *En una ciudad llamada San Juan)* *.

Se conserva en esta edición, además de la unidad temática original, la dedicatoria del autor (A San Juan, ciudad sitiada de América) y el lema general para el libro escogido por él (cita del Sermón del Fuego, de Buda), así como la estructura interna —no sujeta a orden cronológico de creación—, que aquí, más que en las ediciones anteriores, quizá, presenta un dramático corte transversal de la sociedad (raíces indígenas, alta y pequeña burguesías, baja clase media, habitante del arrabal, seres marginales, etc.), dentro de sus conflictivos problemas históricos, culturales, socioeconómicos, políticos, psicológicos y metafísicos, con obvias proyecciones a la realidad que hoy vive el hombre universal en un

---

* De los dos cuentos aludidos, *El disparo* se publicó en el número 1 (enero, febrero, marzo) de 1969, de la revista *Asomante* (San Juan). *Tres voces distintas y una realidad más o menos verdadera* se publicará oportunamente en la misma revista. (Nota de René Marqués.)

mundo caótico e incoherente, de angustioso desconcierto y exacerbada violencia, pese tanto a centenarias como a nuevas o flamantes doctrinas, ideolo-
gías, filosofías y religiones dispares o, por lo menos, diversas, que afirman poder garantizar la libertad, seguridad y felicidad del ser humano... sin
ninguna de ellas haberlo logrado aún.

Por otro lado, cabe señalar (y ello puede consta-
tarse por el texto en sí y por la fecha de publica-
ción de cada cuento) que René Marqués, dentro de
su labor cuentística, ya había abordado en unos
casos y apuntado por lo menos en otros a las moda-
lidades (temáticas, técnicas y estilísticas) que hoy
(1970) tan en boga están y tan literariamente inno-
vadoras o revolucionarias puedan parecerles a algunos lectores de habla hispana, respecto al género
en Hispanoamérica.

EL EDITOR

Enero, 1970.

A San Juan, ciudad sitiada de América.

R. M.

Todo está en llamas: los ojos y los sentidos todos están en llamas; encendidos por el fuego del amor, por el fuego del odio, por el fuego del deslumbramiento; encendidos por el nacer y el envejecer y el morir, por el dolor y el lamento, por la angustia y el sufrimiento y la desesperación. El mundo todo está en llamas, el mundo todo se estremece.

BUDA *(Sermón del Fuego)*

ANTES DE LA CIUDAD

TRES HOMBRES JUNTO AL RÍO *

Mataréis al Dios del Miedo, y
sólo entonces seréis libres.

R. M.

Vio la hormiga titubear un instante y al fin subir decidida por el lóbulo y desaparecer luego en el oído del hombre. Como si hubiesen percibido el alerta de un fotuto, para él inaudible, las otras emprendieron la misma ruta, sin vacilar siquiera, invadiendo la oreja de un color tan absurdamente pálido.

Observaba en cuclillas, como un cacique en su dujo, inmóvil, con la misma inexpresividad de un cemí que hubiesen tallado en tronco de guayacán en vez de labrado en piedra. Seguía sin pestañear la invasión de los insectos en la oreja del hombre. No experimentaba ansiedad, ni alegría, ni odio. Observaba, sencillamente. Un fenómeno ajeno a él, fatal, inexorable.

El crepúsculo teñía de achiote el azul del cielo sobre aquel claro junto al río. Pero las sombras empezaban a alongarse en el bosque cercano. Toda voz humana callaba ante el misterio. Sólo las higuacas en la espesura ponían una nota discordante en el monótono areyto del coquí.

Alzó la vista y vio a sus dos compañeros. En cuclillas también, inmóviles como él, observando

---

* Premio de Cuento Histórico del Instituto de Cultura Puertorriqueña, 1959.

al hombre cuya piel tenía ese color absurdo del casabe. Pensó que la espera había sido larga. Dos veces el sol se había alzado sobre la Tierra del Altivo Señor y otras tantas la había abandonado. Sintió una gran gratitud hacia ellos. No por el valor demostrado. Ni siquiera por la paciencia en la espera, sino por compartir su fe en el acto sacrílego.

Tenía sed, pero no quiso mirar hacia el río. El rumor de las aguas poseía ahora un sentido nuevo: voz agónica de un dios que musitara cosas de muerte. No pudo menos que estremecerse. *El frío baja ya de la montaña.* Pero en verdad no estaba seguro de que así fuese. *Es el frío,* repitió para sí tercamente. Y apretó sus mandíbulas con rabia.

Era preciso estar seguro, seguro de algo en un mundo que súbitamente había perdido todo su sentido, como si los dioses se hubiesen vuelto locos, y el Hombre sólo fuese una flor de majagua lanzada al torbellino de un río, flotando apenas, a punto de naufragio, girando, sin rumbo ni destino, sobre las aguas. No como antes, cuando había un orden en las cosas de la tierra y de los dioses. Un orden cíclico para los hombres: la paz del yucayeke y el ardor de la guasábara, la bendición de Yuquiyú y la furia de Jurakán, la vida siempre buena y la muerte mala siempre. Y un orden inmutable para los dioses: vida eternamente invisible en lo alto de la Montaña. Todo en el universo había tenido un sentido, pues aquello que no lo tenía era obra de los dioses y había en ello una sabiduría que no discutían los hombres, pues los hombres no son dioses y su única responsabilidad es vivir la vida buena, en plena libertad. Y defenderla contra los caribes, que son parte del orden cíclico, la parte que procede de las tinieblas. Pero nunca las tinieblas prevalecieron. Porque la vida libre es la luz. Y la luz ha de poner en fuga a las tinieblas. Desde siempre. Desde que del mar surgiera la Gran Montaña. Pero ocurrió la catástrofe. Y los dioses vinieron a habitar entre los hombres. Y la tierra tuvo un nombre, un nuevo nombre: Infierno.

Desvió la vista de sus dos compañeros y dejó escurrir su mirada sobre el cuerpo tendido junto al río. Sus ojos se detuvieron en el vientre. Estaba horriblemente hinchado. La presión había desgarrado las ropas y un trozo de piel quedaba al descubierto. Pensó que aquella carne era tan blanca como la pulpa del guamá. Pero la imagen le produjo una sensación de náusea. Como si hubiese inhalado la primera bocanada de humo sagrado en el ritual embriagante de la cojoba. Y, sin embargo, no podía apartar los ojos de aquella protuberancia que tenía la forma mística de la Gran Montaña. Y a la luz crepuscular le pareció que el vientre crecía ante sus ojos. Monstruosamente creciendo, amenazador, ocupando el claro junto al río, invadiendo la espesura, creciendo siempre, extendiéndose por la tierra, destruyendo, aplastando, arrollando los valles, absorbiendo dentro de sí los más altos picos, extinguiendo implacable y para siempre la vida... ¿La vida?

Cerró los ojos bruscamente. *No creo en su poder. No creo.* Volvió a mirar. Ya el mundo había recobrado su justa perspectiva. El vientre hinchado era otra vez sólo eso. Sintió un gran alivio y pudo sonreír. Pero no lo hizo. No permitió que a su rostro se asomara el mínimo reflejo de lo que en su interior pasaba. Había aprendido con los dioses nuevos.

Ellos sonreían cuando odiaban: Tras de su amistad se agazapaba la muerte. Hablaban del amor y esclavizaban al hombre. Tenían una religión de caridad y perdón, y flagelaban las espaldas de aquellos que deseaban servirles libremente. Decían llevar en sí la humildad del niño misterioso nacido en un pesebre, y pisoteaban con furiosa soberbia los rostros de los vencidos. Eran tan feroces como los caribes. Excepto quizá por el hecho de no comer carne de hombre. Eran dioses, sin embargo. Lo eran por su aspecto, distinto a todo lo por el hombre conocido. Y por el trueno que encerraban sus fotutos negros. Eran dioses. *Mis amigos son dioses*, había dicho Agüeybana el Viejo.

Sintió sobre sí la mirada de los otros, y alzó sus ojos hacia ellos. Se miraron en silencio. Creyó que iban a decir algo, a sugerir quizá que abandonaran la espera. Pero en los rostros amigos no pudo discernir inquietud o impaciencia. Sus miradas eran firmes, tranquilizadoras. Casi como si fuesen ellos los que trataran de infundirle ánimo. Otra vez tuvo deseos de sonreir. Pero su rostro permaneció duro como una piedra.

Alzó la cabeza para mirar a lo alto. Las nubes tenían ahora el color de la tierra. Más arriba, no obstante, había reflejos amarillos. Y era justo que así fuese, porque ése era el color del metal que adoraban los dioses nuevos. Y allá, en lo alto invisible llamado Cielo, donde habitaba el dios supremo de los extraños seres, todo, sin duda, sería amarillo. Raro, inexplicable dios supremo, que se hizo hombre, y habitó entre los hombres, y por éstos fue sacrificado.

—*¿Pero era hombre? ¿Hombre de carne y hueso, como nosotros?* —sorprendió con su pregunta al consejero blanco de nagua parda, y cabeza monda, como fruto de higuero.

—*Sí, hijo mío. Hombre.*

—*¿Y lo mataron?*

—*Sí, lo mataron.*

—*¿Y murió de verdad? ¿Como muere un hombre?*

—*Como muere un hombre. Pero al tercer día había resucitado.*

—*¿Resucitado?*

—Se levantó de entre los muertos. Volvió a la vida.

—¿Al tercer día?

—Resucitado.

—Y si a ustedes los matan, ¿volverán a estar vivos al tercer día?

—Sólo resucitaremos para ser juzgados.

—¿Juzgados?

—En el Juicio del Dios Padre.

—¿Y cuándo será ese día?

—Cuando no exista el mundo.

—¿Tardará mucho?

—¿Mucho? Quizá. Cientos, miles de años.

Y el dios de nagua parda había sonreído. Y posando la mano derecha sobre su hombro desnudo, le empezó a hablar de cosas aún más extrañas con voz que sonaba agridulce, como la jagua.

—Tú también, hijo mío, si vivieras en la fe de Cristo, vivirías eternamente...

Él oía la voz, pero ya no percibía las palabras. Ciertamente no tenía interés en vivir la eternidad bajo el yugo de los dioses nuevos. Agüeybana el Viejo había muerto. Le sucedía ahora Agüeybana el Bravo. Eran otros tiempos. Y si la magia de los dioses blancos no tenía el poder de volverlos a la vida hasta el fin del mundo...

La idea surgió súbita como un fogonazo lanzado por Jurakán. Su ser, hasta las más hondas raíces, experimentó el aturdimiento. Casi cayó de bruces. Sintió un miedo espantoso de haberlo pensado. Pero simultáneamente surgió en él una sensación liberadora. Se puso en pie con ganas de reír y llorar. Y echó a correr dando alaridos. Atrás quedó la risa de los seres blancos. Y entre carcajadas oyó cómo repetían las voces: ¡Loco! ¡Loco!

Bajó la vista y observó la marcha implacable de las hormigas. Ya no subían por la ruta inicial del lóbulo. Habían asaltado la oreja por todos los flan-

cos y avanzaban en masa, atropelladamente, con
una prisa desconcertante, como si en el interior del
hombre se celebrase una gran guasábara.

—*Necesito una prueba, una prueba de lo que*
dices.

—*Yo te traeré la prueba* —*dijo él a Agüeybana*
el Bravo.

Obtenerla era un riesgo demoníaco. Lo sabía. Pero
había fe en su corazón. E insufló su fe segura en
dos naborías rebeldes. Cruzaron los tres el bosque
y se pusieron en acecho, dominando aquel paraje
junto al río. Esperaron. Terminaba el día cuando
llegó a la orilla el hombre color de yuca. Intentó
dos veces vadear el río. Podría creerse que no sabía
nadar. O quizá sólo trataba de no echar a perder
sus ropas nuevas. Miedo no sentiría. Era uno de
los bravos. Él lo sabía.

Hizo seña a los otros de que estuvieran listos.
Y salió de la espesura. Saludó sonriendo. Él podía
conducir al dios blanco por un vado seguro. El
otro, sin vacilar, le extendió la mano.

La mano color de yuca era fina como helecho.
Y tibia como el casabe que se ha tostado al sol.
La suya, en cambio, ardía como tea encendida de
tabonuco. En el lugar previsto, dio un brutal tirón
de la mano blanca. Aprovechando la momentánea
pérdida de equilibrio, se abalanzó sobre el cuerpo.
Y hundió sus dedos en el cuello fino, y sumergió
la dorada cabeza en el agua, que se rompió en bur-
bujas. Los otros ya habían acudido en su ayuda.
Aquietaban tenazmente los convulsos movimientos,
manteniendo todo el cuerpo bajo el agua. Y fluyó
el tiempo. Y fluyó el río. Y el fluir de la brisa sor-
prendió la inmovilidad de tres cuerpos en el acto
sacrílego.

Se miraron. Esperaban una manifestación de ma-
gia. No podían evitar el esperarlo. Surgiría de las
aguas como un dios de la venganza.

Pero el dios no se movía. Lo sacaron de las aguas. Y tendieron sus despojos en un claro junto al río.
—*Esperemos a que el sol muera y nazca por tres veces* —*dijo él.*

Esperaban en cuclillas. Se iniciaba el día tercero y la cosa nunca vista aún podía suceder.

Desde el río subió súbito un viento helado que agitó las yerbas junto al cuerpo. Y el hedor subió hasta ellos. Y los tres aspiraron aquel vaho repugnante con fruición, con deleite casi. Las miradas convergieron en un punto: el vientre hinchado.

Había crecido desmesuradamente. Por la tela desgarrada quedaba ya al desnudo todo el tope de piel tirante y lívida. Hipnotizados, no podían apartar sus ojos de aquella cosa monstruosa. Respiraban apenas. También la tierra contenía su aliento. Callaban las higuacas en el bosque. No se oían los coquíes. Allá abajo, el río enmudeció el rumor del agua. Y la brisa se detuvo para dar paso al silencio. Los tres hombres esperaban. De pronto, ocurrió, ocurrió ante sus ojos.

Fue un estampido de espanto. El vientre hinchado se abrió, esparciendo por los aires toda la podredumbre que puede contener un hombre. El hedor era capaz de ahuyentar una centena. Pero ellos eran tres. Sólo tres. Y permanecieron quietos.

Hasta que él se puso en pie y dijo:
—No son dioses.

A una seña suya, los otros procedieron a colocar los despojos en una hamaca de algodón azul. Luego cada cual se echó un extremo de la hamaca al hombro. Inmóviles ya, esperaron sus órdenes.

Los miró un instante con ternura. Sonriendo al fin, dio la señal de partida.
—*Será libre mi pueblo. Será libre.*

No lo dijo. Lo pensó tan sólo. Y acercando sus labios al fotuto, echó al silencio de la noche el ronco sonido prolongado de su triunfo.

EN LA CIUDAD...

PURIFICACION EN LA CALLE DE CRISTO *

Time is the fire in which we burn.

DELMORE SCHWARTZ
(Time is the Fire)

—La casa está sola —dijo Inés. Y Emilia asintió.
Aunque no era cierto. Allí también estaba Hortensia, como siempre, las tres reunidas en la gran
sala, las tres puertas de dos hojas cerradas como
siempre sobre el balcón, las persianas apenas entreabiertas, la luz del amanecer rompiéndose en tres
colores (azul, amarillo, rojo) a través de los cristales
alemanes que formaban una rueda trunca sobre
cada una de las puertas, o un sol tricolor, trunco
también, cansado de haber visto morir un siglo y
nacer otro, de las innumerables capas de polvo que
la lluvia arrastraba luego, y de los años de salitre
depositados sobre los cristales una vez transparen-
tes, y que ahora parecían esmerilados, oponiendo
mayor resistencia a la luz, a todo lo de afuera que
pudiera ser claro, o impuro, o extraño (hiriente
en fin).
—¿Recuerdas? —preguntó Inés. Y Emilia asintió.
No era preciso asentir a algo determinado porque
la vida toda era un recuerdo, o quizá una serie
de recuerdos, y en cualquiera de ellos podía situar-

---

* Cuento publicado originalmente en la Revista del Instituto de Cultura Puertorriqueña (número 37 de 1958). En
este cuento basó el autor su drama *Los soles truncos,* estrenado en San Juan en 1958.

se cómodamente para asentir a la pregunta de Inés,
que pudo haber sido formulada por Hortensia, o
por ella misma, y no precisamente en el instante
de este amanecer, sino el día anterior o el mes pasado o un año antes, aunque el recuerdo bien pudiera remontarse al otro siglo: Estrasburgo, por
ejemplo, en aquella época imprecisa (impreciso era
el orden cronológico, no el recuerdo ciertamente),
en que las tres se preparaban en el colegio para
ser lo que a su rango correspondía en la ciudad de
San Juan, adivinando ella e Inés que sería Hortensia quien habría de deslumbrar en los salones, aunque las tres aprendieran por igual los pequeños se-
cretos de vivir graciosamente en un mundo apacible
y equilibrado, donde no habría cabida para lo que
no fuese bello, para las terribles vulgaridades de
una humanidad que no debía (no podía) llegar hasta las frágiles *fräulein*, protegidas no tanto por los
espesos muros del colegio como por la labor complicada de los encajes, y los tapices, y la bruma me-
lodiosa de los *lieder*, y la férrea caballerosidad de
los más jóvenes oficiales prusianos. ¡Hortensia!
Hortensia, en su traje de raso azul, cuando asistió
a la primera recepción en La Fortaleza (el Gobernador General bailando una mazurca con su hermana mayor bajo la mirada fría de papá Bukhart).
Eso es. Hortensia ya en San Juan. El colegio, atrás
en el tiempo. Y ella, Emilia, observando el mundo
deslumbrante del palacio colonial en esa noche me-
morable, al lado de la figura imponente de la madre. (Mamá Eugenia, con su soberbio porte de reina; su cabello oscuro y espeso como el vino de
Málaga sobre el cual tan bien lucía la diadema
de zafiros y brillantes; con su tez pálida y mate
que el sol del trópico inútilmente había tratado de
dorar, porque el sol de Andalucía le había dado
ya el tinte justo; con su traje negro de encajes y
su enorme pericón de ébano y seda, donde un

cisne violáceo se deslizaba siempre sobre un estanque con olor a jazmín.) Y ella, Emilia, con sus trenzas apretadas (odiosas trenzas), hecha un ovillo de rubor cuando el alférez español se inclinó galante a su oído para murmurar: *Es usted más hermosa que su hermana Hortensia.*

Inés vio a Emilia asentir a su pregunta y pensó: *No puedes recordar, Emilia. Los más preciosos recuerdos los guardo yo.*

Porque a su pregunta, *¿Recuerdas?*, supo que Emilia iría a refugiarse en el recuerdo de siempre. Que no era en verdad un recuerdo, sino la sombra de un recuerdo, porque Emilia no lo había vivido.

Emilia, con sus trenzas apretadas (hermosas trenzas), se había quedado en casa con la vieja nana. (Emilia, con su pequeño pie torcido desde aquella terrible caída del caballo en la hacienda de Toa Alta, obstinada en huir de la gente, aun en el colegio, siempre apartada de los corros, del bullicio; haciendo esfuerzos dolorosos por ocultar su cojera, que no era tan ostensible después de todo, pero que tan hondo hería su orgullo; refugiándose en los libros o en el cuaderno de versos que escribía a hurtadillas.) Y ella, Inés, no logrando lucir hermosa en el traje color perla que hacía resaltar su tipo mediterráneo, porque tenía el mismo color de tez de mamá Eugenia, el mismo cabello espeso y oscuro, pero inútilmente, porque nada había en sus rasgos que hiciese recordar la perfección helena del rostro materno (era francamente fea: desde pequeña se lo había revelado la crueldad del espejo y de la gente) y su fealdad se acentuaba entre estos seres excepcionalmente hermosos: papá Bukhart, con su apariencia de dios nórdico, Hortensia, mamá Eugenia, y aun la lisiada Emilia, con su belleza transparente y rítmica, como uno de sus versos. No debió entonces sorprenderle el haber escuchado (¡sin proponérselo, Dios Santo!) las palabras que el joven alférez deslizara al oído de Hortensia: *Es usted la más deslumbrante belleza de esta recepción, señorita Hortensia* (fue poco después de haber bailado Hortensia la mazurca con el Gobernador General). Y en realidad no le sorprendió. Le dolió, en cambio. No porque ella dejase de reconocer la belleza de su hermana, sino porque las palabras provenían de *él*.

Emilia se levantó y, cojeando lastimosamente, fue a pasar con suavidad su pañolito de encajes por la mejilla izquierda de Hortensia.

—Le pusiste demasiados polvos de arroz en este lado —explicó, al sorprender la mirada inquieta de Inés. Luego volvió a sentarse.

Las tres permanecían silenciosas e inmóviles (Emilia e Inés sin apartar los ojos de Hortensia).

—¿Verdad que está hermosa? —preguntó Emilia en voz baja.

Lo estaba. Amorosamente la habían vestido con sus galas de novia. Bajo la luz del cirio todo lo blanco adquiría un tinte maravilloso. O era quizá el tiempo. El velo se había desgarrado. Pero los azahares estaban intactos. Y las manchas del traje pudieron disimularse gracias a los pliegues hábilmente dispuestos por Inés. Lástima que la caja no fuese digna de su contenido: un burdo ataúd cedido por Beneficencia Municipal.

Emilia suspiró. Esperaba. Pero Inés no parecía tener prisa. Estaba allí, encorvada, con su escaso pelo gris cayéndole sobre la frente, el rostro descuartizado por una red implacable de arrugas profundas, terriblemente fea en su callada determinación. Y a Emilia se le ocurrió pensar qué hubiese hecho Inés en el lugar de Hortensia. Aunque de inmediato se vio forzada a rechazar la proposición porque *nadie* pudo haber estado en el lugar de Hortensia. (Hortensia dijo *no* a la vida. Quienquiera que le hubiese revelado la verdad había sido cruel en demasía. ¿Hubo alguien que en realidad conociese a Hortensia? ¿Hubo alguien que *previese* su reacción?)

De todos modos lo supo: el rapacillo de la mulata (la mulata que tenía su puesto en un zaguán de la Calle Imperial), el que gateaba entre los manojos de saúco y albahaca y yerbabuena, tenía azules los ojos. Un alférez español puede amar hoy y haberle dado ayer el azul de sus ojos al rapacillo de una yerbatera. Hasta la imponente mamá Eugenia dio sus razones para excusar el hecho. (Papá Bukhart, no. Papá Bukhart siempre dejó que el mundo girara bajo su mirada fría de naturalista alemán convertido en hacendado del trópico.) Pero Hortensia dijo *no*, aunque antes había dicho *sí*, y aunque los encajes de su traje de novia hubiesen venido de Estrasburgo. Y la casa de la Calle del Cristo cerró sus tres puertas sobre el balcón de azulejos. El tiempo entonces se partió en dos: atrás quedóse el mundo estable y seguro de la buena vida; y el presente tornóse en el comienzo de un futuro preñado de desastres, como si el *no* de Hortensia hubiese sido el filo atroz de un cuchillo que cercenara el tiempo y dejase escapar por su herida un torbellino de cosas jamás soñadas: La armada de un pueblo nuevo y bárbaro bombardeó a San Juan. Y poco después murió mamá Eugenia (de anemia perniciosa, según el galeno; sólo para que papá Bukhart fríamente rechazase el diagnóstico porque mamá Eugenia había muerto de dolor al ver una bandera extraña ocupar en lo alto de La Fortaleza el lugar que siempre ocupara su pendón rojo y gualda). Y cuando el lujoso féretro de caoba desapareció

3

por el zaguán, todos tuvieron conciencia de que el mundo había perdido su equilibrio. Como lo demostró papá Bukhart al pisar ya apenas la casa de la Calle del Cristo. Y pasar semanas enteras en la hacienda de Toa Alta, desbocando caballos por las vegas de caña. Hasta que un día su cuerpo de dios nórdico fue conducido por cuatro peones negros a la casa de los soles truncos (casi no podía reconocérsele en su improvisado sudario de polvo y sangre). Y el mundo se hizo aún más estrecho, aunque a su estrechez llegaran luego noticias de una gran guerra en la Europa lejana, y cesara entonces la débil correspondencia sostenida con algunos parientes de Estrasburgo, y con los tíos de Málaga. Pero habrían de transcurrir dos años más para que en San Juan muriera la nana negra, y en Europa, Estrasburgo pasara a manos de Francia, y el mundo fuese ya un recinto cerrado al cual sólo tuviese acceso el viejo notario que hablaba de contribuciones, de crisis, de la urgencia de vender la hacienda de Toa Alta a los americanos del Norte, y Hortensia pudiese acoger siempre la proposición con su sonrisa helada: *Jamás nuestras tierras serán de los bárbaros.*

Inés casi se sobresaltó al ver a Emilia levantarse e ir a pasar su destrozado pañolito de encajes por la mejilla de Hortensia. Le pareció pueril la preocupación de Emilia por los polvos de arroz. Si ella le había puesto más polvos en la mejilla izquierda a Hortensia había sido sencillamente para ocultar la mancha negruzca que desde hacía años había aparecido en aquella zona de la piel de su hermana. Nunca hacía cosa alguna sin motivo. Nunca.

Emilia estaba nerviosa (era obvio que estaba nerviosa) y, sin embargo, se mostró decidida cuando le comunicó su plan. Había temido alguna resis-

tencia de parte de su hermana. Pero Emilia había
alzado hacia ella su mirada color violeta y había
sonreído al murmurar: *Sí. Purificación.* Sin duda in-
terpretaba el acto de un modo simbólico. Era una
suerte. Hacía tanto tiempo que Emilia no escribía
versos. En el cofre de sándalo descansaba el manojo
de cuartillas amarillentas. Mamá Eugenia siempre
sonrió leyendo los versos de Emilia. (Papá Bukhart,
no. Y es que Emilia jamás osó mostrarle su cuaderno.) A ella, a Inés, le producían en cambio un extraño desasosiego. *Soy piedra pequeña entre tus
manos de musgo.* Le desconcertaba la ausencia de
rima. Y, sin embargo, sentía como el vértigo de un
inasible ritmo arrastrándola a un mundo íntimo que
le producía malestar. Emilia nunca explicaba sus
versos. Y ese misterioso estar y no estar en el ámbito de un alma ajena la seducía y la angustiaba a
la vez. *Tu pie implacable hollando mis palabras,
tu pie de fauno sobre una palabra: amor.* No podía
precisarlo, pero había algo obsceno en todo esto,
algo que no era posible relacionar con el violeta
pálido de los ojos de Emilia, ni con su pie lisiado,
ni con su gesto de niño tímido y asustadizo. O quizá lo obsceno era precisamente eso, que fuese Emilia quien escribiese versos así. Lo peor había sido
el *tu* innombrado, pero siempre presente en las
cuartillas amarillentas. *Soy cordero de Pasca para
TU espada, Valle del Eco para TU voz.* ¡La angustia
de ese *tu...*! ¿Podía ser otro que *él?*

No tenía prisa. Sabía que Emilia estaba impacien-
te. Pero ella no *podía* tener prisa. Necesitaba esos
minutos para volcarse toda dentro de sí misma. Porque habían sido muchos los años de convivencia y
miseria, de frases pueriles y largos silencios, de
hambre y orgullo y penumbra y vejez. Pero nunca
de estar a solas consigo misma. Viviendo Hortensia
había sido imposible. Pero ahora...

El tiempo era como un sol trunco (azul, amarillo,

rojo) proyectando su esmerilada fatiga sobre la gran sala. Sin embargo, el tiempo había sido también transparente. Lo había sido en el instante aquel en que viera allí a Hortensia con su bata blanca de encajes. Estaba casi de perfil y el rojo de un cristal daba sobre su cabeza produciendo una aureola fantástica de sangre, o de fuego quizá. Ella la observaba a través del espejo de la consola. Y deseó de pronto que la vida fuese un espejo donde no existieran las palabras. Pero las palabras habían sido pronunciadas. La fría superficie de la luna había rechazado su voz, y las palabras flotaban aún en la gran sala, irremediablemente dispersas, sin posibilidad alguna de recogerlas (de aprisionarlas de nuevo en su garganta), porque la vida no cabía dentro del marco del espejo, sino que transcurría más acá, en el tiempo, en un espacio sin límites, donde otra voz podría responder a sus palabras:

—Gracias por decírmelo —y era la voz de Hortensia. Luego un silencio corto y agudo como un grito, y de nuevo la voz—: No me casaré, desde luego.

Sus ojos se apartaron entonces del perfil reflejado junto al piano y resbalaron por la imagen de su propio rostro. Y toda su carne se estremeció. Porque jamás había sido su fealdad como en aquel instante. Y vio a Hortensia (su imagen en el espejo) apartarse del piano de palo de rosa y acercarse a ella lentamente. Y en su movimiento había abandonado la zona del cristal rojo y pasado por la zona del cristal azul, pero al detenerse a sus espaldas ya había entrado en la zona del cristal amarillo, de modo que su rostro parecía envuelto en un polvillo de oro como si después del tiempo de la vida y del tiempo del sueño entrase en un tiempo que podía ser de eternidad, desde el cual sus ojos fuesen capaces de romper el misterio del espejo para buscar los otros ojos angustiados, y aunque la voz de Hortensia no tuviese el poder de traspasar la superficie límpida, no era preciso que así fuese porque las palabras, de ser pronunciadas, rebotarían como imágenes para penetrar en su fealdad reflejada, y hacerla sentir el pavor de esa fealdad (o acentuar el pavor ya desatado):

—Es mejor así. Porque jamás *compartiría* yo el amor de un hombre. ¡Jamás!

Y ella sintió verdadero espanto, pues le pareció que Hortensia no se refería a la yerbatera de la Calle Imperial. Y pensó en Emilia. Pero el espejo no contenía en su breve mundo la imagen de Emilia, sino la suya propia. Y de pronto todas las palabras pronunciadas, las suyas también: *Tiene una querida, Hortensia; y un hijo en esa mulata,* le golpearon el pecho con tal ímpetu que le impidieron respirar. Y el espejo fue convirtiéndose en una bruma espesa que crecía, y crecía, y su cuerpo empezó a caer en un abismo sin límites, cayendo, cayendo más hondo, hasta chocar bruscamente contra un suelo alfombrado de gris.

El cuerpo de Hortensia permanecía en una zona a la cual no llegaba la luz tricolor del alba. Sólo el cirio derramaba su débil claridad de topacio sobre el rostro enmarcado en azahares y tul.

Inés observaba los labios secos, petrificando la sonrisa enigmática, los mismos labios que en tantos años de miseria (y soberbia, y hambre y frases pueriles) jamás abordaron la palabra que hubiese dado sosiego a la eterna incertidumbre, la palabra que hubiese hecho menos infernal su tarea de proteger el orgullo de Hortensia y la invalidez de Emilia, de fingirse loca ante los acreedores, y vender las joyas más valiosas (y la plata), de cargar diariamente el agua del aljibe desde que suspendieron el servicio de acueducto, y aceptar la caridad de los vecinos, y rechazar las ofertas de compra por la casa en ruinas, e impedir que los turistas violaran el recinto en su búsqueda bárbara de miseria (alejando

los husmeantes hocicos ajenos de la ruina propia y
el dolor).

Emilia no podía apartar su mirada de la tenue
llama del cirio, y le parecía la manecita dorada de
un niño que se abría y cerraba así, a intervalos ca-
prichosos, y le vinieron a la memoria unas palabras
incomprensibles: *Sólo tu mano purificará mi corazón.* ¿Isaías? No era un texto sagrado. Algo más
próximo (¿o remoto?) en el tiempo. *Sólo tu mano...*
¡Sí! En las cuartillas amarillentas del cofre de sándalo. ¡Eran palabras suyas! Sonrió. Su corazón en
el cofre de sándalo. Donde no habría de llegar la
sonrisa helada de Hortensia ni la mirada inquisitiva
de Inés. (El único lugar donde puede sobrevivir el
corazón en un mundo sin razón alguna para la vida.)
Volvió sus ojos hacia Inés. Esperaba la realiza-
ción del acto. Un bello acto, ciertamente. ¿Cómo
pudo ocurrírsele a su hermana? Bien, se le había
ocurrido. Y ella aprobaba aquel acto de purificación.
Porque todo lo bello, lo que había sido hermoso,
estaba contenido en aquella caja tosca que proveía
la Beneficencia Municipal. (Todo lo que es bello
y debe perecer, había perecido.)
Vio en ese instante a Inés ponerse de pie y tuvo
un ligero estremecimiento. Le pareció más alta que
nunca y creyó descubrir en su gesto y su mirada
algo terriblemente hermoso que hacía olvidar momentáneamente su horrible fealdad. *¡Al fin!*, pensó,
y poniéndose de pie, preguntó, sonriendo:
—¿Ya?

Inés vio la sonrisa de Emilia y sintió una punzada
en un lugar remoto de su pecho porque, inexplicablemente, aquellos labios de anciana habían sonreído

con la frescura y el encanto de una niña. Oyó luego la voz cascada decir:

—Espera por mí.

Y vio a Emilia alejarse, con su horrible cojera más acentuada que nunca, hacia la habitación de la izquierda. Sola ya con Hortensia, echó una ojeada a la sala. Sus ojos se detuvieron en la enorme mancha irregular que, como el mapa de un istmo que uniera en la pared dos mundos, partía desde el plafón hasta el piso. Sobre el empapelado, que una vez fuera gris y rosa, el agua había grabado su huella para hacer eterno en la sala el recuerdo del temporal. Y fue en ese mismo año de *San Felipe* cuando ella supo de la otra catástrofe. Y es que el viejo notario le ahorró en esa ocasión todos los preámbulos: la hacienda de Toa Alta había sido vendida en subasta pública para cubrir contribuciones atrasadas. Desde entonces la miseria fue el girar continuo de un remolino lento, pero implacable, que arrastraba y arrastraba, por lustros, por décadas, hasta llegar al tiempo en que los revolucionarios atacaron La Fortaleza, y se descubrió el cáncer en el pecho de Hortensia. Y ya no era posible tener conciencia del hambre porque el torbellino había detenido su girar de *tempo* lento ante la avasallante destrucción de las células (y el huir de la sangre, y el dolor hondo que roía sin gritos). Pero sangre y dolor petrificáronse en el pecho sin células y la sonrisa se puso fría en los labios de Hortensia. Y ayer su cuerpo no tenía aún la rigidez postrera (ella lo sabía porque acababa de lavar el cadáver) cuando al zaguán llegaron los extraños con sus ademanes amplios y sus angostas sonrisas de funcionarios probos: el Gobierno había decidido que la casa (la de la Calle del Cristo, la de los soles truncos) se convirtiese en hostería de lujo para los turistas, y los banqueros, y los oficiales de la armada aquella que bombardeó a San Juan. No fue preciso fingirse loca porque en esta ocasión

estaba enloquecida. Y sus largas uñas con olor a
muerta claváronse en el rostro que tenía más próximo (hasta que saltó la sangre, y desaparecieron las
sonrisas). Y después sus puños golpearon despiadadamente, con la misma furia con que habían com-
batido la vida; golpeando así, ¡así!, contra la miseria, y los hombres, y el mundo, y el tiempo, y la
muerte, y el hambre, y los años, y la sangre, y de
nuevo la vida, y el portalón de ausubo que los otros
habían logrado cerrar en su precipitada huida. Y en
la pared de la sala, la enorme mancha del tiempo
dibujaba el mapa de dos mundos unidos por un
istmo. Y era preciso destruir el istmo.

Emilia salió de la habitación y vio a Inés de pie,
inmóvil, con la vista fija en la pared de enfrente.
Avanzó penosamente y fue a depositar el pequeño
cofre de sándalo a los pies del féretro. *Mi corazón
a tus pies, Hortensia.* Luego volvióse hacia Inés y
quedóse en actitud de espera. La vio apartar los ojos
de la pared y dejarlos resbalar por su rostro hasta
fijarlos por un instante en el cofre de sándalo, y
luego alejarse hacia la consola y tomar una bolsa de
seda negra que ella no había observado sobre el
mármol rosa, y regresar junto a Hortensia. Estaban
ambas ante el féretro abierto e Inés derramó el contenido de la bolsa negra sobre la falda de Hortensia.
Emilia observó con asombro aquellos ricos objetos
que había creído devorados por el tiempo, o por
el hambre (en fin, por la miseria y el tiempo).
Inés tomó la sortija de brillantes y trabajosamente pudo colocarla en el anular izquierdo de Hortensia. Luego colocó la de perlas en el dedo de Emilia.
La ajorca de oro y rubíes fue a adornar la muñeca
de Hortensia. Con la diadema de zafiros y brillantes
en su mano, se detuvo indecisa. Echó una ojeada a
la cabeza postrada, ceñida de azahares, y con gesto

decidido volvióse y ciñó la diadema de mamá Eugenia en la frente de Emilia. Tomó al fin la última prenda (el ancho anillo de oro de papá Bukhart) y, colocándolo en su propio dedo anular, salió presurosa de la estancia; sus pasos haciendo crujir la casa en ruinas.

El leve resplandor del cirio arrancaba luces fantásticas a los brillantes en el dedo de Hortensia. Y Emilia vio pasar como una sombra a Inés, por el fondo, con un quinqué en la mano. El olor a tiempo y a polvo que caracterizaba la sala empezó a desvanecerse ante el olor penetrante a petróleo. De pronto, a los rubíes de la ajorca se les coaguló la sangre. Porque la sala toda se había puesto roja. Y Emilia vio a Inés acercarse de nuevo y detenerse junto a Hortensia. Y encontró la figura erguida de su hermana tan horriblemente hermosa sobre el trasfondo de llamas, que con gesto espontáneo apartó la diadema de sus propias sienes y ciñó con ella la frente marchita de Inés. Luego fue a sentarse en el sillón de Viena y se puso a observar la maravilla azul de los zafiros sobre las crenchas desteñidas, que ahora adquirían tonalidades de sangre, porque el fuego era un círculo purificador alrededor de ellas.

Y estaban allí, reunidas como siempre en la gran sala; las tres puertas de dos hojas sobre el balcón, cerradas como siempre; los tres soles truncos emitiendo al mundo exterior por vez primera la extraordinaria belleza de una luz propia, mientras se consumía lo feo y horrible que una vez fuera hermoso y lo que siempre fuera horrible y feo, por igual.

OTRO DÍA NUESTRO *

*... sin otra luz ni guía sino la que en el
corazón ardía.*

SAN JUAN DE LA CRUZ

Miró a través de sus párpados entreabiertos las
recias vigas de ausubo que sostenían los ladrillos del
techo. La humedad dibujaba en ellas manchas negruzcas de contornos irregulares. «Dos siglos sosteniendo esa pesada carga», pensó somnoliento. ¿Y
cuántos siglos antes de convertirse en vigas los tron-
cos venerables? Dos siglos quizá. Dos siglos de vida
en los bosques vírgenes de las montañas isleñas.
Cuando aún los bosques eran vírgenes. Cuando aún
existían bosques. Cuatro siglos. Los ausubos habrían
sido endebles arbolillos cuando el gran descubridor
pisó por vez primera las playas de la Isla. ¡Cuatro
siglos! La historia toda de la nación en ciernes!

Sus párpados, pesados aún por el sueño, se abrieron totalmente para captar en su conjunto el ritmo
monótono y simétrico de las líneas del techo. Su cerebro retuvo por unos segundos el pensamiento de
la última frase: «nación en ciernes». Pero los labios,
casi inconscientemente, murmuraron:

—Construían para la eternidad.

Su voz le sobresaltó. Incorporóse en la cama. La
palabra «eternidad» parecía aún flotar en la atmósfera húmeda de la habitación. *Mil años son ante tus*

---

* Incluido en el libro del autor del mismo título, 1955.

*ojos como el día de ayer que ya pasó, y como una
de las vigilias de la noche.* Su mirada se había detenido en el Crucificado. El cuerpo del hombre en
la cruz, labrado toscamente en madera blanda, se
retorcía en un movimiento grotesco. Sonrió pensando cuántos ojos se habían apartado horrorizados
de aquel Cristo agónico. «Pero es hermoso —pensó—. Manos campesinas lo labraron para mí.» Luego añadió: «Manos de mis hermanos. Madera de
mi tierra.»

Imaginó, sin verlos ya, los ausubos del techo. De
un tirón echó a un lado la sábana que cubría su
cuerpo magro. Y tuvo un estremecimiento de asombro. Su pie derecho descansaba sobre el izquierdo.
Sus piernas desnudas y secas permanecían unidas.
Las caderas asumían una pose violenta en relación
al torso. Parecía haberse inmovilizado en una contorsión grotesca. Volvió a mirar al Crucificado. Y
pensó una vez más en los ausubos del techo. Desde
allá arriba su cuerpo sobre la cama debería parecer
un Cristo agónico.

—*Maestro, tiene usted rostro de Cristo.*

La frase, tantas veces escuchada, hería de nuevo
sus oídos como si hubiera sido recién pronunciada.
«Gracias, Dios mío, por este día nuevo que añades
a mi vida.» Y rezó con unción, sus ojos muy cerrados para no ver los cuatro siglos de historia que
sostenían la carga de ladrillos.

Por la puerta abierta que daba al balcón, entró
un airecillo frío que fue a rozar con aspereza su
cuerpo semidesnudo.

—Amén —dijo, en voz alta. Y se puso de pie.

Fue al lavabo y metió la cara en el agua. Había
olvidado cambiar el agua, pero el fresco en los párpados cansados le dio una sensación de bienestar y
no se tomó la molestia de tener escrúpulos por su
poca diafanidad. Se enjugó el rostro a conciencia,
como si ejecutara una operación difícil y compli-

cada. Luego se puso los pantalones. Trató de alisar con los dedos sus cabellos ensortijados y grises. «Gracias por este día nuevo...»

Miró en torno suyo. El tiempo parecía haberse detenido en aquella habitación de humildad monacal. La cama de hierro. El lavabo anacrónico. El quinqué sobre el velador de caoba. «¿Fue el mes pasado que cortaron la luz eléctrica?» El techo tan alto. La puerta tan amplia. Las paredes tan gruesas. «Construían para la eternidad.» Y volvió a mirar al Crucificado labrado por manos campesinas. «Manos hermanas. Madera de mi tierra.»

Un ruido súbito hizo vibrar sus nervios. Era una mezcla de sonidos indescriptibles. Un rugir de motores. Un chirriar de engranajes y poleas recias. Un crepitar metálico de tambores monstruosos. El tiempo, detenido en el lavabo, en la cama de hierro, en el Crucificado grotesco, en las vigas de ausubo, se estremeció ante el empuje brutal de aquella fuerza desconocida.

Miró con aprensión hacia la puerta abierta. «No iré a verle. No iré.» Pero una atracción diabólica le llevó hasta la puerta.

El balcón era estrecho. No necesitaba asomarse a la baranda de hierro para ver la calle. Allí abajo estaba el monstruo. Sobre los centenarios adoquines, húmedos aún de rocío, se destacaba la masa gris de acero. El sol no había llegado a herir la estrechez de la calle y, en la suave penumbra del amanecer, la máquina infernal parecía un tanque bélico en momentáneo reposo. Dos hombres con guantes gruesos iban vaciando en las fauces traseras del monstruo el contenido de los *zafacones*. Ejecutaban su labor silenciosos, con ritmo inconsciente de robots, como si fuesen piezas del mecanismo que ruidosamente engullía la basura y la trituraba en sus entrañas para horas más tarde vomitarla en el crematorio municipal.

Apoyado en el marco de la puerta, observaba la operación con la misma fascinación horrible de todas las mañanas. El camión de la basura, con sus líneas aerodinámicas, su mecanismo perfecto y su digestión ruidosa, era como un símbolo de las fuerzas destructoras que amenazaban todo lo por él amado. *Entiende claro por dónde el demonio va a dar su golpe, y húrtale el cuerpo, y la cabeza quiébrale.* A sus ojos se había asomado una mirada alucinante y extraña.

El camión alejóse llevando su aséptica eficiencia mecánica a otra calle vecina. El sol dejaba ya escurrir sus primeros rayos sobre los adoquines brillantes de rocío. Alzó la vista y tendióla hacia la ciudad. Era la parte antigua con sus construcciones centenarias de ladrillos y piedra, con sus balcones de hierro forjado como negros encajes de mantillas viejas, con sus antepechos de intimidad familiar, y sus amplias y soleadas azoteas. Y allá, en el fondo, la sobria belleza del fuerte español. Una dulzura infinita fue invadiendo su corazón. Extendió los brazos como para acoger en ellos la ciudad amada. Hubiera querido besar cada piedra, cada ladrillo. Hubiera querido estrechar sobre su pecho la ciudad, y arrullarla con viejas nanas, y protegerla de los peligros que amenazaban su felicidad.

Un reflejo intermitente vino a herir sus ojos. «Otra vez eso», pensó, mirando sombrío hacia la torre. Y un amargo desaliento hizo que sus brazos tendidos a la ciudad cayeran inertes a lo largo del cuerpo. Porque el sol se reflejaba ahora en el ápice de aquella torre extraña.

Era una larga y antiestética torre de acero que se elevaba desafiante, dominando el contorno de los edificios centenarios. Y en lo alto se destacaba una serie de intrincados aparatos relucientes. «La torre de la estación naval», se repitió a sí mismo como para explicarse lo inexplicable. No comprendía en

absoluto la razón de ser de aquel artefacto hostil.
Torre de señales quizá. Pero aquellos reflejos in-
termitentes, ¿eran efectos del sol o eran rayos lumínicos emitidos por el propio artefacto? «¿Por qué
siempre han de dar a mi habitación?» E inconscientemente se movió hacia la izquierda de la puerta
para proteger sus ojos de los reflejos hirientes.

El sol revelaba ahora para él, con claridad implacable, detalles que segundos antes no había percibido. La red de cables telefónicos y de hilos eléctricos,
como telaraña tejida por un insecto torpe o descui-
dado. Los postes de alumbrado, negros y ásperos,
como esclavos eternizados en servicio público. El
rascacielos del banco extranjero, arrojando su sombra amenazadora sobre las dóciles casas coloniales.
Las líneas frías y modernas del Hotel Metropolitano,
donde rubios turistas dormían la borrachera de su
última imbecilidad.

El humo de una fábrica empezaba a formar manchas negras en la limpidez del cielo. La ciudad amada se escapaba de su corazón y comenzaba a debatir-
se entre los mil ruidos de la vida que le imponían
los otros.

—Buenos días, maestro. —La voz era juvenil y
áspera. Pero había en ella inflexiones de respetuosa
ternura. Miró hacia la casa de enfrente. En el antepecho estaba el joven vecino alisando sus cabellos
con un peine verde. Sobre su rostro moreno se destacaba la franqueza de una sonrisa amplia.

—Buenos días, hijo mío —sonrió él, haciendo un
leve gesto con la mano—. ¿Has dormido bien?

—Muy bien, maestro. ¿Y usted?

Eran poco más o menos las mismas palabras de
todas las mañanas. ¿Quién podría ser? No lo sabía.
Probablemente habría vivido allí siempre. Pero él
sólo había llegado a notar su presencia en la soledad
de los últimos meses de forzoso aislamiento. Recordó que un día en que olvidaron traerle la comida,

el joven le había entregado un paquete de fiambres a uno de los guardias de turno.

—*Es para el señor de los altos. No puede pasarse el día sin alimento* —había dicho.

Cuando le vio a la mañana siguiente en el antepecho, quiso expresarle su gratitud, pero el otro fingió no oírle y le habló de lo cálida que había sido la noche.

«¿Por qué me llamará *maestro*? No es de los míos. No le conozco. Además, es tan joven. Casi un niño.» Y pensó en su hijo, refugiado en el extranjero. Trató de revivir en su memoria el rostro del hijo ausente. Pero sólo podía ver la sonrisa amplia destacándose sobre la tez morena. Eran las facciones del vecino las que su mente reconstruía. «¡Tantos años, oh Dios, tantos años!» Y se esforzaba penosamente porque el recuerdo respondiera a sus deseos. De pronto, sintió que un sollozo incontenible le subía a la garganta. ¡Cuán horrible perder a un ser querido en la memoria!

—Hasta luego, maestro. —El joven iba a retirarse del antepecho. Pero se detuvo mirando hacia la calle. Volvióse a él rápidamente, y haciéndole un guiño malicioso bajó la voz para decirle—: Los fieles amigos de la noche se retiran. Pero llegan los amigos del alba. —Y desapareció sonriendo.

Era cierto. Cuatro nuevos centinelas venían a sustituir a los nocturnos. Los recién llegados se apostaron en la acera, debajo de su balcón, mientras los otros se alejaban somnolientos. Y él sintió por los que se iban una intensa piedad. «No podrán disfrutar de sus hijos hoy. Tendrán que dormir el día para volver a la vela nocturna. Y perderán la dicha de gozar de otro día nuestro.» Les siguió con la mirada. Al doblar la esquina, el sol hizo brillar los cañones de sus rifles automáticos.

Salió al balcón y se apoyó en la baranda.

—Buenos días, muchachos.

Los recién llegados contestaron a su saludo con cordialidad. Los uniformes ajustados modelaban nítidamente sus cuerpos atléticos. «Buen plante de soldados», pensó complacido. El oficial, un joven teniente de aspecto grave, se había adelantado hasta situarse exactamente debajo de él. No pudo ocultar cierta nerviosidad al alzar la cabeza juvenil y enfrentarse a su mirada.

—Usted no debe salir al balcón sin camisa. —Su voz había intentado ser autoritaria, pero la inflexión puesta en las frases había dado a éstas el valor de un ruego.

—Tienes razón. Perdona. No me había dado cuenta. —Sonrió al teniente y se retiró. Experimentaba una gran turbación. No se explicaba cómo pudo haberse mostrado así en público. Se sintió culpable y avergonzado como un niño cogido en falta.

—*Maestro, parece usted un gran señor del siglo pasado.*

Miró su camisa ajada sobre la silla de laurel y enea, su corbata de seda negra, sus zapatos de charol deslustrado.

Empezó a vestirse cuidadosamente, estirando las arrugas de la camisa. Ató la corbata con un ancho lazo al estilo del siglo XIX, disimulando hábilmente las partes más deterioradas.

Me gusta lo que hay en ti de otras edades.

La voz de ella volvía a él como un breve relámpago de ternura. Se calzó los zapatos y miró con disgusto las manchas opacas en el charol. Trató de eliminarlas con un pedazo de periódico. Luego se lavó las manos. «Tengo que cambiar el agua», pensó. Se alisó el cabello rebelde y se atusó el bigote. Ya estaba listo. Pero se detuvo en seco.

¿A dónde iba? ¿Ir? Se volvió con desaliento. Miró en derredor y sus ojos se detuvieron en los viejos libros. Sólo quedaban unas pocas docenas de los miles de volúmenes que fue dejando en manos amigas. Su

4

mirada resbaló por los lomos, cuyas letras doradas el tiempo había desvaído. Los había leído mil veces. Se sabía de memoria no sólo las líneas impresas, sino también sus propias anotaciones escritas a lápiz con letra pequeña e irregular. Su mirada descansó sobre el pequeño volumen de piel roja con dedicatoria de Juan.

Antes de septiembre Juan venía a diario. Era cierto que le sometían a un penoso registro en el zaguán. Para llegar a su habitación, las manos y los bolsillos de su único visitante debían estar vacíos. Pero Juan traía noticias, voces amigas, mensajes de aliento, datos valiosos. Después de septiembre, le privaron de sus diarias visitas. Su último consuelo fue verle pasar por las tardes bajo su balcón. Se saludaban en silencio y Juan seguía lentamente su camino hasta desaparecer en la esquina. ¡Cuánta ansiedad en los ojos del amigo al enviarle su diario saludo silencioso! Pero, bruscamente, Juan dejó de pasar por su calle. ¿Qué habría sucedido? No lo supo nunca.

«Juan, mi fiel Juan.» Y se acercó a la cómoda queriendo rechazar el recuerdo. Abrió la primera gaveta. Vio la bandera, doblada cuidadosamente, descansando sobre una masa informe de ropa estrujada y revuelta. *Porque no ha de abandonar el Señor a su pueblo, ni dejar desamparada su heredad.* Tomó la bandera y la acercó suavemente a su mejilla. *Y cayeron las lluvias, y los ríos salieron de madre, y soplaron los vientos y dieron con ímpetu sobre la casa, mas no fue destruida porque estaba fundada sobre piedra.* Sintió una dulce sensación de paz y bienestar. Se acercó a la cama, desdobló el paño tricolor y lo tendió sobre el espaldar de hierro. Luego fue a sentarse en la silla de enea. Y se inmovilizó en una muda e intensa contemplación.

En la pared, detrás de la bandera, sobre la cal manchada de humedad, se destacaba el escudo de la Isla angustiada. Leones rugientes guardando castillos seculares. Reciedumbre del yugo sobre la fuerza mortal de las flechas vengadoras. Cruz de Jerusalén, triunfante de fanáticas cruzadas. Y el cordero blanco, inmaculado, reclinando su mansedumbre sobre el libro de Dios. *Y un río de agua de vida, claro como el cristal, manaba del solio del Cordero.* El estandarte de la paz cristiana flotaba sobre la esperanza verde del escudo. Y la divisa latina proclamaba la catolicidad de su bautismo: *Juan es su nombre.*

«Juan, Juan, ¿dónde estás?», preguntóse. Y la visión de la mirada angustiosa de su amigo le hizo cerrar los ojos. Pero volvió a abrirlos para mirar la bandera. El río de vida que prodigaba el cordero se derramaba sobre el paño tendido en el espaldar de hierro. Y se hacía sangre de martirio sobre el abismo azul, junto a la blancura de la lana pascual.

Porque él no había venido a traer la paz.

—*Moriremos por usted, maestro.*

¡No, por él no! Por la raíz honda de la raza que manos impías querían profanar. Por la tierra dada en heredad para nutrir la raíz sagrada. Por la lengua que legaron los abuelos, por la Cruz de la Redención, por la libertad de la Isla. Por él no. Pero vio correr la sangre de los suyos. Y la sangre de los otros. Y la sangre y la violencia habían sido estelas de dolor en su trágico apostolado.

—*¡Asesino!*

Creían algunos que era fácil. ¿Fácil? *¡Oh, qué angosta es la puerta y cuán estrecha la senda que conduce a la vida escogida!* Y vio la estrella blanca de la bandera sobre el triángulo azul de una trinidad inmutable: amor, vida, muerte. ¿Podría ser de otro modo? Ríos de sangre cruzó el pueblo de Dios para alcanzar su libertad. Y la espada de los libertadores se tiñó de sangre hermana. Y su verbo tuvo también sabor de sangre.

Él sentía sangrar su corazón. Veía el desfile interminable de rostros jóvenes, de mejillas pálidas y de ojos alucinados. *Antorcha de tu cuerpo son tus ojos.*

Los ojos de ella tenían dolor de siglos. «¡Tantos años, oh Dios, tantos años!» Y recordaba ahora su rostro tal como lo vio momentos antes de la partida. —*Deberás reunirte con nuestro hijo en el exilio. Sólo yo permaneceré en la Isla.*

Y ella obedeció la orden sin interrogaciones, sin llanto, sin palabras. Veía el pelo lacio enmarcando la frente y las mejillas pálidas. Los ojos tristes, con una tristeza que ni los momentos de triunfo eran capaces de borrar. La boca de trazo perfecto, con sus labios apretados, labios acostumbrados al secreto hermético de una vida llena de peligros. Era imposible imaginar aquella boca sonriendo. Y, sin embargo, él sabía que había sonreído. Él sabía que hubo una época en que esos labios se habían abierto para dejar escapar la risa de una mujer feliz y enamorada. Lo *sabía*, pero no lo recordaba. No podía revivir ni una sola de sus sonrisas. Sus oídos estaban sordos al sonido de una risa que su memoria se obstinaba en olvidar.

Bruscamente se puso de pie. La puerta del balcón ponía un marco de sombra a la luz cegadora de la calle. La penumbra de la habitación protegía al tiempo que había allí detenido su marcha.

—¡Luz! —se pidió a sí mismo. Más luz para contrarrestar la luz que amenazaba cegarle. Y pensó en el proceso que era ya inminente. Sólo esperaban acumular todas las pruebas para el arresto oficial. Y luego la cárcel. Otra vez la cárcel. La cárcel siempre. A lo lejos sonaba el bronco ronquido de un barco de turistas entrando a la bahía. Y detrás del velador de caoba se oía el roer de un ratón haciendo fiesta en las tablas viejas del piso. Empezó a pasearse nerviosamente de la zona de luz a la zona de sombras.

¿Eso era todo? Miró al Cristo tallado en madera

de los bosques isleños. *Sembrarás y no segarás; prensarás la aceituna y no te ungirás con el óleo.* «¿Qué hora será?», preguntóse de pronto. Y sonrió a pesar suyo. «¿Qué me importa la hora? ¿Qué me importa el tiempo?» El sol continuaba su avance lento, pero inexorable, desde la puerta al centro de la habitación. Y con él avanzaba el reflejo intermitente de la torre de acero. «¿Serán sólo reflejos? ¿Serán rayos lumínicos? ¿Rayos mortales, quizá?» Pero no. *Ellos* eran demasiado civilizados para creer en la pena de muerte.

¿Era ése el fin de su misión? Miró al cordero en el escudo. Y la estrella blanca en la bandera. *Yo no he venido a traer la paz.* La cárcel sería la paz. ¿Por qué el absurdo de un final semejante? ¿Por qué su misión se perdía en el tiempo y el espacio? Se detuvo bruscamente. Las interrogaciones martillaron con mayor insistencia en su cerebro. ¿Por qué se había detenido en su paseo? ¿Qué significaba esa angustia terrible que le iba subiendo a la garganta? ¿Y ese espanto desconocido que le clavaba en el suelo?

El sol, ganando terreno a las sombras, descubrió en ese instante, junto a la cómoda, una espada antigua. Su hoja de Toledo había brillado ensangrentada, proclamando el triunfo de una época heroica y lejana. Hoy descansaba sus siglos de historia bajo una capa de herrumbre: inmóvil, anacrónica, inútil.

—*Me gusta lo que hay en ti de otras edades* —había dicho ella.

Permaneció quieto, petrificado en la zona de luz. El sol dio de lleno en su cabeza.

—*Maestro, tiene usted rostro de Cristo.*

La angustia atenazaba implacable su garganta. Sus manos trataron febrilmente de aflojar el lazo anticuado de la corbata negra que parecía estrangularle. La bocina de un auto de lujo ensordeció la calleja estrecha. Supo entonces que algo terrible, inevitable, iba a herir su mente. *Mi reino no es de este mundo.*

Y fue como un doloroso deslumbramiento que le abrasó el corazón. Casi gritó las palabras:

—¡Yo no pertenezco a esta edad en que vivo!

La tensión de su cuerpo preparándose para el espanto de la revelación había sido tan terrible que por un momento creyó sentir todos sus miembros desgajarse brutalmente. Jadeante, sudoroso, dolorido, se asombró de percibir, sin resistencia ya de su parte, la aceptación total del hecho revelado. ¡Vivía una época que no era la suya! Y un miedo metafísico le iba enfriando el corazón. «Dios, Dios mío, dame la muerte.» Pero la muerte, que él había lanzado contra los otros, no venía a él.

Había sacudido brutalmente con la violencia y el odio a un mundo calladamente triste, resignadamente dócil. Había querido revivir un mundo de sueños sublimes e ideales heroicos en un mundo donde apenas cabía el ideal miserable de sobrevivir a cada día. Había dejado una huella, un testimonio. Pero no podía ir más allá. *Sembrarás y no segarás; pisarás la uva y no beberás el vino.* El pasado vivía en él. Y vio claramente que su misión no era de este mundo innoble y burdo, tan hostil al pasado. ¿Para qué la vida? Y, sin embargo, la muerte no acudía a su llamada. Ni siquiera el proceso inminente traería la muerte. «Son demasiado civilizados para creer en la última pena», volvió a decirse con angustiada amargura. El sol envolvía ahora todo su cuerpo. Y la luz era más dolorosa que las sombras.

Tomó una decisión brusca. Cogió el bastón con empuñadura de plata y salió de la habitación. Cruzó la sala inhospitalaria y vacía de muebles. En el vestíbulo se puso el viejo sombrero de fieltro negro.

Mientras bajaba la empinada escalera, su espíritu fue sosegándose y fueron aquietándose sus pensamientos. *Bienaventurados los que padecen persecución de la justicia, porque de ellos es el Reino de los Cielos.* Al llegar al zaguán, ya su mirada era serena y su sonrisa tranquila. Puso el pie en la acera y vio el gesto de estupor de los cuatro hombres. Su sonrisa se hizo más amplia.

—¿Cansados de la guardia, muchachos? —Y sin esperar respuesta echó a andar calle abajo.

Ahora gritarían: «¡Alto!» Él fingiría no oír la orden. «Ojalá que su puntería sea buena.» Por suerte la calle estaba desierta. No habría víctimas inocentes. Por vez primera en su vida era su propia sangre la que contaba. Pensó en el vecino. ¿Qué diría de lo ocurrido? Y vino a su mente el recuerdo del hijo en exilio. «Se sentirá orgulloso», pensó sonriendo.

—*Yo moriré antes que tú* —había dicho ella.

Pero viviría después de él, con sus ojos eternamente tristes y sus labios herméticos. Y pensó en Juan. «Juan, mi fiel amigo, estaremos juntos. Otra vez juntos.» Sobre la calle se proyectaban los balcones de hierro forjado como viejos encajes de mantillas negras. El sol hería los adoquines entre las masas sombrías de las casas centenarias. «Construían para la eternidad.» Y oyó las campanas de Catedral dando la hora. «¿Por qué tarda tanto la muerte?»

De pronto sintió unos pasos firmes a sus espaldas. «Ya llega. Ya llega.» Se detuvo, conteniendo la respiración. Fijó la vista en la cruz negra de un poste telefónico, y repitió mentalmente las palabras del Hijo: *En tus manos encomiendo mi espíritu.* Por un momento el mundo pareció haber detenido su marcha. Luego, una voz rompió la solemnidad postrera:

—¡Maestro! —El nombre sonó extraño, casi absurdo en aquel instante. Se volvió lentamente.

Ante él se erguía el joven teniente de aire grave. No pudo reprimir un gesto de asombro. ¿Fue él quien le llamó «maestro»? Miró las manos vacías colgando a ambos lados del uniforme. ¿Y la muerte? La pistola asomaba su culata negra, descansando pacífica en la baqueta de cuero. ¿Y la muerte? En el fondo, bajo el balcón, las tres figuras permanecían en sus

puestos con los rifles automáticos al hombro. Sintió
un extraño desasosiego. Buscó ansioso los ojos del
teniente, y se estremeció al ver en ellos una angustiada súplica. Comprendió al fin la terrible verdad.
Era inútil buscar la muerte. La muerte no vendría.
Experimentó un sentimiento de rebeldía súbita, incontenible. Su mano crispóse sobre el bastón y sintió
deseos de golpear, de violentar aquella pasividad, de
provocar el desastre, de hacerlo inevitable. Pero sus
ojos tropezaron otra vez con la mirada suplicante del
otro. «No me matará. Me dominará por la fuerza
bruta. Pero no me matará.» Y supo entonces cómo
pesan los años. Un cansancio de siglos le encorvó la
espalda. Sintió el sabor amargo de la vejez como
nunca antes lo sintiera. Viejo y cansado, empeque-
ñecióse súbitamente junto a la figura atlética del teniente.

—¿Desea usted algo?

—*Deseo la muerte* —pensó. Pero no lo dijo.

—No es necesario que usted salga de la casa. Si
desea algo, yo mismo se lo traeré.

¿Qué decía aquel hombre joven y lleno de vida?
No importaba lo que dijera. Él comprendía ahora
por qué le había llamado «maestro». Comprendía su
solicitud y su conflicto. Le habían encomendado la
custodia de un anciano. Y sentía el rubor de su fuerza ante la impotencia de la vejez deshecha. La caridad y la misericordia anidaban en el corazón del
teniente atlético. «Me da la limosna de llamarme
'maestro'», pensó, mientras sus ojos, enturbiados
por las lágrimas, miraban con dolorosa gratitud los
ojos angustiados de su involuntario antagonista. ¿Y
el joven vecino en su saludo matinal? ¿Y Juan en
sus diarias visitas? ¿Habrían ellos también sentido
lástima del anciano en desgracia? «Oh, no, Dios, apar-
ta de mí este último cáliz.»

Echó a andar con dificultad. El bastón con empuñadura de plata, símbolo de su arrogancia hidal-

ga, fue ahora báculo necesario para sus pasos vacilantes. El otro se acercó. ¿Iría a ofrecerle el apoyo de su brazo? «Tiene la delicadeza de no hacerlo», pensó con alivio. Y prosiguió su marcha de regreso.

Al llegar a la puerta del zaguán vio los cañones de los rifles automáticos sobre las espaldas de los guardianes. «Tampoco de ahí vendrá la muerte.» E inició penosamente el ascenso de la empinada escalera.

La luz se quedaba atrás con los guardianes del día. Y las sombras, peldaño a peldaño, iban invadiendo su alma. Al llegar arriba colgó el viejo sombrero de fieltro en la percha del vestíbulo. Cruzó la casa vacía e inhospitalaria. El golpear del bastón sobre las maderas del piso se repetía en eco bajo las vigas de ausubo y los ladrillos del techo. Entró en su habitación. Sobre el velador de caoba, junto al quinqué, estaba el almuerzo. Lo habían traído durante su corta ausencia. «Son incapaces de darme la muerte. Pero me dan el pan amargo de cada día.» Pan para el vientre. Pero tanto el vientre como el pan serían destruidos por Dios. Y miró el cordero evangélico del escudo, y la estrella solitaria de la bandera.

Se acercó a la cama. Dejó caer el bastón sobre las sábanas revueltas. Tomó el paño tricolor del espaldar de hierro y empezó a doblarlo con gestos lentos, casi litúrgicos. Cuando terminó la operación se dirigió a la cómoda. Antes de guardar la bandera doblada, la acercó a su mejilla. Y permaneció así por unos segundos. El calor de la piel se comunicaba al paño. Y tuvo la sensación de que insuflaba algo de su propia vida a la bandera de la estrella blanca y solitaria. La colocó al fin sobre la ropa ajada y cerró la gaveta.

Luego se dirigió al lavabo. Cogió la palangana de loza y se acercó a la ventanuca del fondo. La abrió y derramó el agua sucia en el patio desierto. El agua, al caer, produjo un murmullo largo, como un *amén* de beatas en rezo. Volvió a colocar la palangana en su sitio. Vertió en ella agua limpia de la jarra. Estiró meticulosamente la toalla en el toallero. Y fue a sentarse en la silla de laurel y enea.

Su mirada se escurrió, del Crucificado al bastón negro sobre la sábana, luego al escudo verde en la pared, a las viandas enfriándose en el velador junto al quinqué de tubo ennegrecido, y siguió hasta el lavabo y la toalla, para llegar a la cómoda. Al fin se detuvo en la espada enmohecida e inútil. *¡Oh, qué angosta es la puerta y cuán estrecha la senda que conduce a la muerte!* Ya el tiempo no estaba detenido en la habitación. Seguía su curso inmutable a pesar del Cristo, de la cama de hierro, del quinqué ennegrecido, del lavabo anacrónico, de la espada española. ¡Cuán grande era el cansancio que sentía su alma! ¡Qué enorme la fatiga del cuerpo envejecido! ¡Y qué difícil morir! ¡Qué difícil!

¡Si tan sólo supiera la verdad del mañana! Otro proceso más. Y la cárcel luego. ¿Eso era todo? La espada silenciosa e inútil proyectaba una sombra larga y fina junto a la cómoda. *No andarás acongojado por el día de mañana, que el día de mañana traerá de por sí hartos cuidados.*

—Es cierto —musitó, en medio de su terrible cansancio—, bástele a cada día su propio afán —y se quedó quieto, con la cabeza inclinada hacia adelante, los ojos fijos en la espada de otros siglos, esperando que pasara la muerte.

DOS VUELTAS DE LLAVE Y UN ARCÁNGEL *

We can no longer be sure that we love the lovable and abhor the detestable.

ERICH HELLER, *The Disinherited Mind*

1

El cuadrado de luz caía sobre el piso polvoriento, cerca del catre, casi en medio de la habitación. No, no era exactamente un cuadrado. Por lo menos, no lo veía así. Dos de los lados se deformaban, sumiéndose uno, hinchándose el otro. Quizá era sólo efecto de su propia posición sobre la almohada. Tenía el ojo izquierdo hundido en la funda. Y el derecho estirado, rasgándose como el de un oriental. Probablemente los chinos veían las cosas así. O a lo mejor las cosas eran así, sencillamente, no importa quien las mirase. El de anoche no era chino, a pesar de sus ojos y el color de la piel, *Filipinas, Manila, océano Pacífico,* o algo por el estilo. El infierno en la espalda seguía ahí. La nieve, si fuese algodón tenue, refrescaría su espalda. Pero la nieve no existe más que en los libros. Y el hielo estaba inaccesible, en la nevera de un bar.

Trató de incorporarse, pero volvió a caer pesadamente sobre la almohada. El olor a brillantina en la funda la sofocaba. Miró la puerta de reojo. La espalda era una llaga viva. Y la puerta estaba

---

* Primer Premio en Concurso del Ateneo, 1955.

cerrada. Dos vueltas de llave: tras-tras. Los pasos
se alejaron pesados por el pasillo.

Y había quedado sobre el piso, a oscuras, san-
grando, aullando, el yodo quemando la carne abierta, bajo el bombillo apagado. *Por si se te ocurre
otra vez. Por si se te ocurre.* La navaja había estado quieta en su mano, inmóvil entre los dedos,
el filo hacia afuera, reluciente. No ocurriría nada,
claro está. Todo era guasa. *No juegues, no juegues
con eso.* La risa zarandeaba su cuerpo cosquilleante, nervioso; el filo hacia afuera, reluciente. *El diablo empuja la mano. No juegues:* igual que la
otra vez.

2

Sólo que entonces no había sido el bombillo
apagado colgando del cordón verde, sucio de telaraña y cagarrutas de moscas, sino el sol; un sol
tamizado por el follaje, derretido en estrellas entre
las hojas del tamarindo, casi entero a veces, entre
las ramas de majagua; amarillo, como la flor de majagua; blanco en ocasiones, como la pulpa del guamá; brillante, reluciente, como la Custodia en el
altar. *No juegue. Déjeme. No juegue.* Y reía. También reía la quebrada. Pero no era risa exactamente, sino murmullo, canción casi, el agua de la quebrada. Su mano alcanzaba ya el collarito de perlas.
De perlas falsas color de cielo. El cielo apenas si
podía verse, y cuando se veía, no era demasiado
azul, de un azul como manto de Virgen Inmacula-
da. *No me haga cosquillas.* Era divertido el juego.
No como el padre, que nunca se reía, ni le daba
collares, ni besaba a la madre. Era divertido. Por
eso la risa de la quebrada, que no era risa, sino
murmullo, canción acaso. Pero era risa en su garganta. *Ay, no puedo más. ¡Ay, pero qué risa!* ¿No

era bonito el collar? No tanto como el San Gabriel de la madre; el San Gabriel rubio de la estampa iluminada (y la voz de la madre: *Santísimo Arcángel, protege a mi hijita*), ni como el sol roto en estrellas bajo el ramaje del tamarindo. *Está bien, ya. Está bien.*

Estaba bien sobre la yerba húmeda, sofocándose de risa, cara a lo alto del ramaje; la tierra bajo la yerba poniendo un alivio de frescor en su espalda. *Ay, que me ahogo.* De risa, claro, bajo el cuerpo pesado. *Está bien ya.* Y en su cara, aquel raspar de la barba hirsuta, *Corta como hoja de caña.* Y en su espalda, ahora, bajo la presión del peso adicional, los pinchazos de los cadillos, *Ay, me pinchan.* Los pelos de la barba, y los cadillos. Como un diablo que hinca, aunque regale collaritos de perlas color de cielo. *No está bien. Eso no está bien.* Nunca está bien el diablo aunque su mano ardiente haga estremecer de curiosidad, aunque su mano ascendente haga querer saber la verdad del misterio. *Le aguantaré la mano antes de que llegue. Yo tengo más fuerza.* Pero la fuerza no aparecía, y la mano del diablo no era ya la mano. *Ay, mamá mía. Esto es pecado.* No, no había sol verdaderamente, sino un chisporrotear de estrellas rubias entre las ramas del tamarindo. Y era dolor, dolor de verdad, aquí, aquí abajo, hondo, desgarrante, lleno de lágrimas, de gritos que se aplastaban en sollozos, porque había unos labios en su boca, y la voz estallaba dentro del pecho, sorda, sin salida, y el pecho hacia así, así, como si fuera a reventar de gritos, hasta que estalló la sangre, pero no en el pecho, y la tibieza empezó a manar provocando escozor, ardor, dolor también, pero no hondo, porque ahora todo el cuerpo era dolor: los músculos, las vísceras, los huesos, que se quedaban quietos.

No había ya peso sobre su cuerpo; no sentía la barba ni los cadillos. Una soledad quieta, un murmullo de la quebrada que podía ser canto, pero no risa, rezo más bien, del agua, como un rosario de cuentas inagotables, canción quizá, o murmullo, pero no risa. Y puntos rojizos en el ramaje, no estrellas, porque el sol había huido y sólo quedaban manchas diminutas de sangre en lo alto del tamarindo. Y las gotas, que no eran cuentas de rosario, ni perlas falsas de collarito, sino gotas, simplemente, que resbalaban con sabor a sal por toda su cara vuelta al cielo.

3

Vio las lágrimas en los ojos de la madre: *Ay, bendito, ¿qué te han hecho?*, frente a la estampa iluminada. Y vio la palabra sucia en la boca del padre; la palabra mala, puerca, embarrándole los labios secos al padre: la palabra pequeña, tan corta, tan fácil, pero sucia, como un baño de excremento; horrible, como bestia feroz con patas de cerdo, cabeza de toro bravo, dientes de perro rabioso, cuerpo de tintorera, y yarda y media de espinas, en vez de rabo; la palabra que mordía el alma, destrozaba y masticaba el alma; desollaba, desgarraba, achicharraba la piel más dura. El cuerpo era un desgarrón de infamia, y la puerta estaba abierta. *¿Por qué no le rezaste a San Gabriel, mi hijita?*

Salió despacio. No había ya sol, pero el cielo estaba colorado. No había vueltas de llave a sus espaldas porque la puerta no tenía cerradura. La puerta estaba abierta, pero la sabía cerrada a sus espaldas para siempre, como si la cerradura que no tenía (con la llave adentro) hubiese hecho: tras-tras.

Bajó hasta el cafetín, el pequeño lío de ropa golpeándole el muslo derecho con el mismo ritmo de su andar desganado. El hombre tras el mostrador le acariciaba el lomo a un gato. Pero no había risa ya en la boca del hombre, ni collarito de perlas en su mano.

—Aquí estoy. En mi casa no me quieren.

La mano siguió deslizándose suave por el sedoso pelaje, suave, ¡qué suave! Pero la barba del hombre era áspera y cortante como hoja de caña.

—Vuelve y pídele perdón a los viejos.

Puso el pequeño lío de ropa sobre el mostrador. Lo más lejos posible del gato. Y de la mano del hombre.

—No perdonan. Se los dije —la mano del hombre puede, de pronto, desgarrar como la zarpa de un gato, puede hundirse terrible en el lomo de un gato—. Y ahora quiero una casa, aunque sea chiquita, como de muñecas, porque debo vivir y rezar mucho. Pondré una estampa de San Gabriel en la sala...

El gato se encrespó lanzando un grito de dolor, tratando de arañar la mano crispada sobre su lomo. Pero no pudo. El hombre lo lanzó con rabia contra la pared, lejos del mostrador.

—Eres boba o sinvergüenza.

—No he rezado. Pero soy buena.

—Soy casado. Y lo sabías. Vete.

Y el lío de ropa golpeaba de nuevo el muslo derecho, al mismo compás de su andar desganado. El camino era largo, y el cansancio, inmenso.

Durmió dos noches en la cobija en ruinas. Y al tercer día, *¡gracias te sean dadas, San Gabriel Arcángel!*, pasó la mujer de los muchos brazaletes, que era buena con su traje colorado, que comprendía tan bien los trece años de una niña a quien le han dicho la palabra fea; la mujer servicial de los muchos brazaletes, que consolaba a la niña perdida; la mujer sabia y buena de los muchos brazaletes, que conocía todos los caminos hacia mundos lejanos, los caminos largos.

4

El camino ya no era largo. El auto cortó por la calle San José y se detuvo al fin en San Sebastián. San Gabriel, más lindo que en la estampa iluminada, se había reclinado en un poste. Ella buscó las alas. Pero en ese instante no se le veían. *San Gabriel Arcángel, protege siempre a mi hija.* Tenía una camiseta roja sin mangas, modelando apretadamente el pecho poderoso y amplio. *¿Por qué ahora hay tantas cosas coloradas?* La camiseta era roja sobre la carne tan blanca. Tan blanca en el cuello y en aquella cabeza rubia de pelo rizo. *¿Le rezaste a San Gabriel, nena?* Y los ojos tan verdes, a través de la nube de incienso. *No te acuestes sin rezarle.* Que no era incienso, sino el cigarrillo encendido pendiendo de los labios color de rosa, bajo el bigote tan fino, como una ceja rubia dibujada bajo la nariz pequeña y recta. *Pondré una estampa de San Gabriel en la sala.* Y el brazo tan musculoso, con la cruz pintada en azul, cuando se quitó el cigarrillo de la boca, para mirarla, para mirarla mucho y decir:

—Está buena.

Pero ella ya no era buena. ¿No sabía él que le habían dicho la palabra sucia? Pero él no parecía saberlo. Escuchaba a la mujer de los brazaletes, aunque siempre mirándola, mirándola mucho.

—Esta noche, no. Un salvaje la maltrató demasiado.

—Deberían matar al que maltrata niñas tan lindas.

Sonreía mirándola. La defendía. Aunque no le

hubiese rezado, la defendía. *¿Por qué no le rezaste*
a San Gabriel, hijita?

5

Durante cuatro días le habló, cuidándola, la mujer buena de los muchos brazaletes. De él, que no
era arcángel y se llamaba Miguel. Y de lo lindo que
era, que no había que decirlo, porque se veía. Y de
que iba al Club Atlético y levantaba pesas. ¿No
era adorable? Tenía el corazón de oro como su
pelo (y los brazaletes sonaban de admiración: tin-
tin-tilín). ¡Cómo le amaban las mujeres! ¡Cómo le
amaban! ¿Quién sería la afortunada que se llevara
aquel tesoro? ¿Habría nacido la afortunada? Tin-
tin-tilín, sonaban los brazaletes.

Y al quinto día volvieron a verlo.

—Ya está lista.

Pero él no dijo nada. La miraba con sus ojos
verdes, dulces como menta. Y Ruth cantaba: *La*
última noche que pasé contigo, quisiera olvidarla,
pero no he podido... En el gramófono automático
cantaba Ruth. Pero los ojos eran verdes, y tenían
su propia música, una música como de armonio.

—Tendrás que pagarme ahora. Necesito dinero
—era siempre la mujer de rojo la que hablaba.
¿Por qué no lo dejaba tranquilo? Se veía que él no
tenía interés en hablar de negocios. La miraba a
ella sonriendo, con el cigarrillo en los labios.

Tin-tilín, sonaron los brazaletes.

—O me pagas ahora, o no hay trato.

¿Por qué se iban? ¿Por qué él no le pagaba a la
mujer ese dinero que le debía? Así la mujer se
callaría y él podría seguir mirándola a ella sin prisa,
sin interrupciones. *Como un rayito de luna, en la*
enramada... Eso decía ahora la voz de un trío en
el disco. Y él, sin desprenderse el cigarrillo de la

5

boca, sacó el paquetito y se lo entregó a la mujer.

Tilín-tin-tin, sonaron las manos al contar los billetes.

—¿A quién le vas a dar la tirada? Faltan treinta.

—Mañana.

—Ahora.

—Mañana.

—Ni hablar. Tengo otras ofertas. Si te favorezco a ti es para que cumplas. Treinta más. Ahora.

¡Clic!, hizo la mano de él. Y, como por magia o por milagro, allí estaba la hoja fina, larga, reluciente, ¡tan linda!, nuevecita.

—Mañana.

Amor, cuidado con la vida, advirtió quedamente el gramófono.

—Está bien —contestó la mujer de rojo. Y se alejó despacio.

¡Clic! de nuevo y la hoja brillante, nuevecita, como por milagro o magia, desapareció en su mano. El tintilín de los brazaletes se alejó más y más, perdiéndose allá, en la oscuridad de la calle, dejándola a ella a solas con la camiseta roja, ¡tan ceñida!, frente al vasito lleno.

—Bebe.

El vasito tendría agua porque se veía transparente, a pesar de estar lleno hasta el borde. Pero al llevarlo a los labios notó que era espeso y dulce, y que tenía sabor rico a anís.

—Bebe.

Era más dulce y espeso este segundo vasito.

—Bebe.

En este tercer vasito había como un amarguito.

—Bebe.

¿Qué vasito era éste? ¿El quinto o el número mil? No importaba. No importaba nadita. El calor en los pechos era bueno. Y la mano de él, suave como la seda de una casulla, subía por su brazo. ¡Qué alegría! ¡Qué buena era la vida! ¡Qué bonita

la estampa de San Gabriel! *No te acuestes sin rezarle.* Y allí estaban las alas. (Ahora sí podía verlas.)
—Vamos.

¡Qué cosa maravillosa volar así, apoyada en el pecho amplio, dentro del cual el corazón hacía pun-pun, elevándose, elevándose sobre San Juan, subiendo a un cielo color de navaja nueva, flotando blandamente, remontándose más alto, tan alto. Trastras, dos vueltas de llave. San Pedro abriendo (¿cerrando?) el cielo. El cuerpo tendido ahora sobre una nube blanda. Agua verde del pozo con musgo verde acariciando, acariciando. San Gabriel Arcángel, cielo feliz, cielo.

6

El cuadrado de luz no estaba ya distorsionado. Aunque no era un cuadrado exactamente, sino un rectángulo sobre el piso polvoriento, junto al camastro. La luz era amarillenta. Podía ser del sol o del poste de alumbrado; de un sol tan triste como el bombillo público. ¿Noche o día? ¡Qué importaba, siendo la ventana tan estrecha! ¿Sol o bombillo? ¡Qué importaba, siendo la espalda una llaga viva! La puerta estaba cerrada con dos vueltas de llave: tras-tras. Los pasos se alejaron pesados por el pasillo.

7

El primer extraño vino con el arcángel, y ella dijo: «¿Quién es éste?» La llave hizo: tras-tras. Y el extraño, sólo ya con ella en la habitación, tenía los ojos pardos, y un olor penetrante a borrachera fresca. Vinieron muchas noches y muchos extraños, con el arcángel siempre. Y las noches y los extraños se quedaron largamente, por turnos exactos, mientras él se iba a la calle con su camiseta ceñida que a veces era verde, o amarilla, o azul, o simplemente roja. A la calle él, después que la llave hacía tras-tras, con la cruz tatuada en el brazo, y los ojos verdes mirando la noche, y el pitillo encendido en los labios tan suaves, sonrientes, sonrientes, con su tenue color rosado.

Después fue a todas horas. No sólo de noche: tras-tras. Y ya no sentía las horas, no sentía nada; ni el día ni la noche, ni los cuerpos, ni los ojos (oblicuos, rasgados, redondos), ni su propio cuerpo en movimiento (más, más, más), ni la vellonera distante: *Amor, cuidado con la vida...*, ni las voces, ni los ruidos, ni la voz:

—¿Cuánto?

Los billetes crujían, estirándose, entre los dedos finos que no parecían hechos para levantar pesas, pero que las levantaban, en el Club Atlético, para que se formaran esos músculos tan bonitos en los molleros mientras los billetes, entre sus manos, hacían: cric-crac, cric-crac.

Muchos billetes crujiendo entre los dedos finos.

—¿Cuánto?

Cric-crac, la máquina que era ella los producía: cric-crac, billetes verdes para los ojos de musgo que ya apenas si acariciaban, excepto alguna vez, cuando llegaba solo y borracho, y así, borracho y desnudo, volvía a tener alas y la remontaba a un cielo con nubes blandas, como el arcángel que había sido. *San Gabriel, protege a mi hijita.* Del mundo de afuera, que era extraño e inexplicable. La protegía allí, guardándola, con dos vueltas de llave, contra la vida. Y los meses (¿años?) tras la puerta cerrada eran la seguridad y la botella de anís, con sólo estarse quieta o moverse un poco ante el desfile de ojos, y siempre la espera, la esperanza del momento (que a veces llegaba) en que él aparecía solo y borracho, con sus alas abiertas para remontarse al cielo. Esos momentos sí, pero los otros, en que de noche (siempre de noche) él le hacía tras-tras a la llave, y la puerta, en vez de cerrarse, se abría, y salían a aquel mundo de ruidos, inexplicable, que la aterrorizaba aunque anduviese cogida de su brazo (cada vez la aterrorizaba más): esos momentos, no. Pero él la llevaba del brazo, como exhibiendo un juguete nuevo, y luego volvían, y la dejaba sola en la seguridad del cuarto. Pero antes ya ella había visto a las mujeres con brazaletes que hacían tin-tin-tilín al compás de un grito que salía del disco, incomprensible: *Papa loves mambo, mama loves mambo*, y hombres pálidos con navajas clavadas en las espaldas, y policías azules machacando sesos con sus macanas tan sólidas, y marinos color de nieve orinando, como los perros, junto a los postes de luz, y niños tristes halándose los pipís en los zaguanes oscuros, y niñas pequeñas, tan pequeñitas como había sido ella una vez, abriéndoles los pantalones a soldados con ojeras violetas en las esquinas de Catedral, y fetos color de púrpura, junto a los tarros de basura volcados, y gatos famélicos, bailándole a la luna su bomba feroz, y las ancianitas que se reían con las cejas pintadas, y el aullido de los «atómicos», y el alarido de las «motos», y el perfume atroz de los hombres que parecían mujeres, y la sangre de la muerta cuyos pechos el negro seguía castigando con la hebilla pesada de su cinturón. Calles de nombres santos: Cristo, San José, San Sebastián. Calles de nombres luminosos: Luna y Sol. ¿Cómo se defendería ella de ese mundo inexplicable si no existiera él, y la habitación de piso polvoriento, y la llave que hacía tras-tras? *Protege a mi hijita, San Gabriel Arcángel.*

8

Se incorporó a medias y miró hacia la ventana. Otra vez el dolor en la espalda. *No puede dolerme más de lo que me duele. No puede.* Se sentó de un golpe. No le dolió más verdaderamente. La espalda toda debía ser una llaga. Y la ventana era alta. Estrecha, pero alta. ¿Por qué pensó en los árboles? No debía haber pensado en eso. Nunca. Nunca.

9

Pero pensó. No en todos los árboles, sino en unos pocos, vistos así, contra el cielo, el ramaje rompiendo el sol para que pudiera colarse en mil estrellas entre las hojas. Verdes los árboles, el sol en el cielo, tierra húmeda bajo los cadillos y la yerbabuena. ¿Pero existía eso? Sí, ella lo sabía. ¿Lo sabía verdaderamente o lo había soñado? Más allá de la calle Luna, ¿existía un mundo? Luna no, sol. Sol de verdad en el cielo. No todos los árboles. Unos pocos: majaguas y tamarindos. ¿Algarrobos también? También algarrobos. Pocos, así, contra el cielo, salpicados de rocío en la mañanita, a la amanezca casi (el gallo japonés en el espeque, al ladito del palo de grosellas, batiendo, ¡madrugador!, sus alas recias: *Kikirikí. Yo estoy aquií. El sol sale por alliií,* en el espeque.) La ventana era estrecha, pero alta. En el bolsillo de la blusa guardaba tres billetes de a cinco que aún no le había entregado. Alzó las manos y alcanzó el alféizar. Como no tenía alas, el salto resultó de espanto. Aunque así, al principio, no descubrió el dolor en el tobillo izquierdo.

Se sentía desnuda. Pero sabía que tenía ropa. El desgarrón del traje no importaba. Y el tobillo, tampoco, aunque le iba doliendo más y más a medida que avanzaba por la calle de San Francisco. De día era distinto. El tumulto era distinto. Pero el desamparo, igual. No había amenazas horribles tras cada esquina. Pero se sentía desnuda, avergonzada ante las miradas de esta gente que pasaba de prisa. Era peor. Esto lo entendía menos. *Antes de Cayey, Caguas. ¿Primero Caguas?* Se atrevió a preguntar. Sí, a Río Piedras primero. ¿Las guaguas de Río Piedras? Después de la plaza con la estatua aquella, frente a la escuela de verja pintada de azul. Tumulto otra vez. Pero distinto. De día era distinto. ¡Qué vergüenza! *Que no me miren, que no me miren.* La guagua jadeaba, como una bestia que se detiene a descansar un instante. Sólo unos pocos árboles, de tamarindo quizá, contra el cielo. Tres billetes de a cinco. Verdes los billetes. Hasta Cayey, con mil hojas de tabaco verde. Luego, allí mismito, en la curva, camino de Aibonito. Puso el pie en el estribo, los tres billetes apretados en el puño. *¿Por qué no me dejan subir?* El chofer le hacía señas de que se apresurara, de que no estorbara el paso. Y ella quería apresurarse. Pero no podía. Ni siquiera moverse podía. *¿Por qué no me dejan subir?* Intentó de nuevo. ¡Qué sudor de angustia! ¿Por qué no podía moverse? No podía. *¿Por qué me agarran?* ¿Es que la agarraban? *Quiero subir. Quiero.* Iba a gritar su impotencia cuando vio la camiseta colorada.

Lo vio a su lado, allí, en el estribo, el brazo con la cruz tatuada, tenso, los músculos bonitos hinchados en el mollero, la mano de dedos finos hundida en la carne de su propio brazo, inmovilizándola.

10

La llave hizo tras-tras. El cuadrado de luz (y ahora era exactamente un cuadrado) caía sobre el piso polvoriento, junto al catre. La mano de él hizo: ¡clic!, y,

como por magia o milagro, allí estaba la hoja reluciente, el filo hacia afuera, casi azulada. Era broma,
claro está. *Protégeme, San Gabriel.* Y como era broma, le daba risa.

—No juegues con eso.

El filo se acercaba. Y era más azul, y tenía más
brillo. ¡Qué risa!

—No juegues, Miguel. El diablo empuja la mano.

Él no haría nada, desde luego. *Protégeme, San Gabriel.* Y se cubrió la cara con las manos.

—Nena bobita. La cara no, que la tienes muy bonita.

Le había desgarrado el traje de arriba abajo y,
sujetándola por el pelo, le cruzaba la espalda desnuda formando cuadros pequeños, como si preparara
para el adobo un terso pernil. ¿Eso era todo? ¿Un
cosquilleo agudo, unos estremecimientos de frío, y
luego un poquito de ardor? *Ha sido juego todo, puro
juego.* La sangre empezó a brotar por las canalitas
que formaban cuadros sobre la carne, y el yodo
cayó como una oleada de fuego sobre la espalda desnuda.

—Por si se te ocurre otra vez. Por si te ocurre.

El primer alarido le salió con una voz que no era
la suya, y que casi la hizo morir de susto. Cayó aullando y revolcándose en el piso polvoriento. El infierno
estaba en su espalda. Y no había ya voz suficiente
para expresarlo. La llave hizo tras-tras. Y los pasos
se alejaron pesados por el pasillo largo. No tan largo
como el tiempo, como el espacio, arrastrándose, rep-
tando, hasta llegar al borde del camastro, y subir, y
tenderse boca abajo, y quedarse inmóvil como un lagarto agonizando al sol.

11

Hizo otro esfuerzo y se puso de pie. El catre crujió
al librarse de su peso. Volvía a mirar la ventana alta

y estrecha, a pesar del infierno en la espalda. ¿Eran nubes o manchas de humo ocultando el cielo? ¿Pero había un cielo? También le dolía el tobillo, hinchándose. No, no existía nada en la curva aquella, camino de Aibonito. Sólo existía la vida. Ni árboles ni muerte, en la habitación polvorienta. Sólo la vida. Ni muerte ni sol. Sólo el bombillo. El cielo ni se veía. ¿Y para qué verlo? ¿Puede existir un lugar donde jamás los padres pronuncian la palabra sucia? ¿Donde San José sea el esposo de la Virgen, y no una calle estrecha y sucia? ¿Donde la Luna tenga montañas de plata, en vez de bares de neón y espejos sucios? ¿Donde Cristo muestre sonrisas de bondad, y no marinos borrachos transitando por Su cuerpo sucio? ¿Donde las manos de los arcángeles jamás hagan ¡clic! para exhibir hojas largas y finas de filo reluciente? ¿Donde la llave de San Pedro cante música de iglesia al dar dos vueltas en la puerta de Dios: tras-tras?

Tras-tras, y se volvió lentamente. Allí estaba él, solo y borracho. Sin navaja en la mano, sin remordimiento. Trayendo el único cielo, el verdadero. Se estremeció al ver las alas color de espuma crecer de pronto tras la camiseta roja. Sintió como si un baño de bálsamo cayera sobre la espalda lacerada al ver el musgo humedecerse en los ojos, acariciando, acariciando. Y dentro de su cuerpo, una fuente tibia que manaba, manaba, diluyendo los huesos, haciendo una masa suave de sus músculos y vísceras, al ver los labios color de rosa apenas entreabiertos. Y la sensación dulce en la boca, como si estuviera saboreando anís transparente y espeso. Y el calor bueno de los pechos (circulándole anís por los dos pechos) ante el blanco espuma de las alas.

Vio al final cómo las alas se abrieron inmensas, cubriéndola, protegiéndola, para una vez más remontarla por encima del mundo, ocultando la ventana alta y estrecha, borrando del piso polvoriento el cuadrado de luz (que ya verdaderamente no era un cuadrado), dándole la seguridad del silencio dentro del ámbito de la espuma y la caricia, *San Gabriel Arcángel, protege a mi hija*, sin cuadrado de luz, sin navaja, sin árboles ni sol, sin gritos: sólo el verde del musgo en los ojos, acariciando, con dos vueltas de llave, acariciando, *Te rezo ahora, San Gabriel Arcángel*, acariciando siempre, acariciando...

LA HORA DEL DRAGÓN

Y se apoderó del dragón, la serpiente an-
tigua, y lo encadenó por mil años y lo arrojó
al abismo..., hasta que se hubiesen cum-
plido los mil años, después de lo cual ha de
ser soltado...

San Juan, *Apocalipsis* (20:2 a 20:3).

Experimentó la sensación de vértigo, calor y asfi-
xia, y se detuvo. La avalancha humana la empujó brutalmente hacia la entrada de un establecimiento. Aturdida, miró en torno suyo. Y, de inmediato, vio los
ojos. No supo más. Sólo eso. No podía haber dicho
qué color tenían, cuál era su tamaño. Unos ojos,
sencillamente. Y, sin embargo, se sintió morir. Era
como si las brasas sobre las cuales parecían posarse
sus plantas hubiesen permeado la epidermis y, de súbito, emprendieran una loca carrera ascendente por
su cuerpo devorándolo todo, todo: vientre, pulmones,
corazón. Vagamente supo que en medio de la con-
sunción de su cuerpo los paquetes resbalaban al piso
con ese crujir exasperante de papel nuevo que se
crispa, y que su cuerpo, también su cuerpo, iba a
caer, aunque sin ruido, como un fardo de espuma, o
una pluma de garza, o una mirada que rueda en el
abismo.

Y ahora era un círculo. Y la circunferencia era un
cristal pulido bordeando aquel estanque. Y era una
agua tan clara, tan pura, como jamás la vio. Y ahora
era un sonido:

Ay, qué noche tan oscura
todo se me ha de volver...

Y una lluvia como de arena blanca cayó sobre el
estanque. Y un instrumento largo y brillante rompió
la superficie y agitóse en el agua. Y el agua no fue
clara. Y ahora era la voz:

—Es agua con azúcar. Le vendrá bien.

Vio al mozo sonreído detrás del mostrador, sosteniendo aún la cucharilla en la mano. Y supo que
todo aquello era real. Con gesto automático se llevó
el vaso a los labios y empezó a beber a sorbos largos. Pero estaba tratando, desesperadamente, de poner en orden la confusión de su mente, tratando de
situarse a sí misma en el tiempo y el espacio: *Pelu-*
quería, luego Casa Camilo, acera izquierda de Calle
San Francisco, cinco de la tarde, avalancha enloque-
cida hacia Plaza de Colón, malestar, puerta abierta,
empujón, ojos sin rostro, brumas, vacío...

Ahora todo era real, tangible, concreto.

Ya no estás más a mi lado, corazón;
en el alma sólo tengo soledad...

Pero desconocido. Como si hubiese sido arrebata-
da por un genio maléfico y transportada a un remoto lugar, ajeno por completo a su mundo cotidiano. Estaba sentada en un taburete, ante algo que
podía ser un mostrador. Los paquetes estaban a su
lado, en el taburete de la derecha. Había un gramófono automático encendido y, en el disco, una voz
de hombre hablaba de sombras, y del bien y del mal.
Percibía olores contradictorios de cocina, licores y
refresquería. Entonces se dio cuenta de que el local
era un poco de todo. Al fondo, frente a ella, y a
través del cristal empañado, un hombre con gorro
blanco (o que pudo ser blanco) freía pastelillos en
una sartén honda. Acá, el hombre de la cucharilla

y una chica en traje verde servían indistintamente café, ron, cerveza y coca-cola. Ninguno de los dos era limpio. Y el mostrador de formica roja estaba pegajoso y opaco. Unas luces de neón azul, colgando frente al cristal de la cocina, habían atraído sobre sí la labor paciente y anónima de infinidad de arañas, mientras abajo las botellas en el anaquel ostentaban con ridícula uniformidad respetables togas de polvo. Todo era (o debía ser) repulsivo y extraño. Y, sin embargo, se sorprendía a sí misma no experimentando repulsión o extrañeza. El agua azucarada se deslizaba suave y refrescante por su garganta y había ahora en todo su cuerpo una inexplicable sensación de blandura, de bienestar casi.

Giró a medias en el taburete y contempló la ancha puerta del local al nivel de la acera, como un marco al cuadro alocado del gentío moviéndose en tumulto hacia la plaza de Colón. Hizo girar de nuevo el taburete y volvió a encararse al cristal empañado de la cocina. Sus labios, aún húmedos y dulzones, sonrieron.

Había sonreído sin proponérselo. Y trató de buscar, un poco juguetonamente, la razón de aquella sonrisa. Gustó, casi paladeó, la sensación de encontrarse a salvo, al margen de la avalancha que arrastraba y arrastraba, sin sentido ni rumbo. Y supo que era eso. Volvió a sonreír, esta vez a plena conciencia. No sentía cansancio ahora, ni siquiera el aguijoneo candente de los pies. Preguntóse cuántas veces habría pasado frente a aquel local sin sospechar su existencia. Estaba en un punto demasiado céntrico del viejo San Juan para poder calificarle de eso que llaman peligroso. A pocos pasos, en la misma calle, sabía ella que ostentaban sus fachadas el Cuartel de la Policía y la Iglesia de San Francisco. Y, no obstante, aquello no era algo que pudiera considerarse respetable, nada comparable a su propia idea de lo que era (o debería ser) un restaurante, un *bar* o una cafetería.

—¿Se siente bien ya?

El mozo, con su pretenciosa chaquetita blanca deshilachada en los ribetes del cuello y de los puños, manchada hasta lo inverosímil de huevo y café y cerveza, sonreía apoyado indolentemente sobre el mostrador. Y ella pensó que si aquel hombrecito, con semejante facha y gesto familiar, hubiese estado a tal proximidad física de su propio cuerpo en el Casino de Puerto Rico, o en el Caribe Hilton, o en la Casa de España, ella no sólo se habría sentido ofendida, sino asqueada. Pero allí, en aquel mundo desconocido, sólo percibió el calor humano de la voz, el interés genuino reflejado en el rostro amarillento, como si a él en verdad le importase cómo se sentía ella.

—Me siento muy bien ya, gracias.

Y experimentó una gran turbación. Porque tenía ante sí el vaso que había contenido el agua azucarada y no supo si debía o no pagar por aquel pequeño servicio. Instintivamente echó mano al bolso de cuero. Pero sus dedos se detuvieron indecisos al tocar el broche. Hubiese sido sencillo preguntar. Sin embargo, no sabía si incluso la pregunta era o no pertinente.

—Puede quedarse descansando todo lo que quiera.

—Espere...

El mozo se detuvo y volvió a inclinarse sobre el mostrador. Ella buscaba casi angustiosamente un medio de reciprocar sus servicios sin que el gesto resultase demasiado obvio.

—Desearía...

— ¿Desea tomar algo?

No lo deseaba en verdad.

—Un *vermouth*, por favor.

—¿Italiano, francés o argentino?

Tuvo que hacer un esfuerzo para no sonreír ante la inesperada escrupulosidad del *bar-tender*.

—Italiano —y se sintió aliviada.

Ahora que todo estaba en orden, ahora que tenía plena conciencia de su ubicación en el mundo, empezó a percibir con claridad la presencia de los otros, de los que se hallaban en su propia zona, en el espacio comprendido entre la barra y la acera. La barra tenía forma de U, trunca en una de sus patas. Y ella estaba casi en la curva de la U. A su derecha había una viejecita sorbiendo lentamente su taza de café. Era muy vieja en verdad, y muy encorvada. Y su boca sin dientes se plegaba como un fuelle cada vez que acercaba a los labios secos el borde de la taza. Más allá, una chica en uniforme de colegio católico, y recorte alto (italiano como el *vermouth*) bebía una coca-cola. Sus labios gruesos y pintados cubrían de un modo casi obsceno el cuello de la botella. Parecía una novilla chica mamando de la ubre. Dos taburetes después, un adolescente color canela, de pie ante la barra, con un vaso de cerveza en su mano izquierda, bailaba solo al compás del bolero en la vellonera, mientras devoraba con ojos alucinados la nuca blanca y tersa de la chica.

A la izquierda, en la pata trunca de la U había un hombre (allá, casi en el extremo). Estaba vuelto de espaldas a ella, mirando hacia la pantalla de un pequeño televisor cuya imagen borrosa y cuyo sonido, ahogado por el bolero de la vellonera, sólo él quizá podría percibir. La camarera de traje verde colocaba en ese instante frente al hombre un vaso que bien podría contener *whisky* o ron con soda, mientras retiraba el otro vacío. Ella, desde su taburete, esperaba que él se volviese a tomar el vaso, pero el hombre permaneció inmóvil.

—Tiene una hermosa cabeza —pensó, observando la forma del cráneo, y el cabello negro y rizado. Llevaba una camisa *sport* de inconfundible procedencia europea y en su muñeca izquierda lucía un reloj de oro de tamaño más que regular.

—Se habrá refugiado aquí también, esperando a que pase la avalancha de las cinco —concluyó.

Pero entre el mundo casi apacible de la barra y el mundo infernal de la calle había otro mundo móvil, fluctuante, estableciendo cierta inescapable comunicación entre ambos. Parroquianos que entraban a obtener cigarrillos en la máquina automática, a deslizarse apresuradamente por un pasillo sombrío en el extremo izquierdo donde un letrero en forma de flecha señalaba: *Caballeros,* a vender lotería y periódicos, a comprar pastelillos de carne o queso para llevarlos consigo, a lanzarle una burla (¿o era quizá un piropo?) a la camarera de traje verde, o un saludo ruidoso al mozo de rostro amarillento; parroquianos fugaces, sombras meteóricas cuyos rostros resultaba imposible aprehender. Y en la vellonera, la voz desgarrada:

Es la historia de un amor
como no habrá otro igual,
que me hizo comprender
todo el bien, todo el mal...

Vio la copa de *vermouth* ante sí. Abrió el bolso y, sacando un billete de cinco dólares, se lo alargó al mozo. Apenas se había llevado la copa a los labios, regresó éste con el cambio. Ella calculó rápidamente: cuatro sesenta; el *vermouth,* cuarenta. Metió los cuatro billetes en el bolso y dejó los sesenta centavos de propina. Él fingió distraidamente ignorar la maniobra y se alejó a atender al adolescente de la derecha.

Ahora ya, buenamente, podía irse. Pero no sintió deseos de hacerlo. Pensó que de todos modos debía terminar el *vermouth.* Se llevó la copa a los labios y bebió otro sorbo. El sabor y la temperatura de la bebida le exigieron perentoriamente un cigarrillo. Sacó la pitillera.

Con el pitillo en los labios buscó afanosamente el encendedor en todos los atiborrados recovecos del bolso. De pronto, sonó el chasquido de un fósforo y dos manos ahuecadas, a modo de parabrisa, sostuvieron ante sus ojos la parpadeante llamita. No tuvo tiempo de mostrar sorpresa. Encendió y entre la primera bocanada de humo le salió la frase:

—Muchas gracias.

Al alzar la vista vio los ojos. Otra vez creyó morir. Los ojos allí como si no pertenecieran a rostro alguno. Pero no sentía ahora el fuego abrasador de antes, sino una paralización total de sí misma y del mundo fuera de ella. Todo quieto, frío, inmóvil. Excepto los ojos. Aunque no podía decir que éstos pestañearan siquiera. Pero sí que generaban la única corriente vital en semejante ausencia de vida. Y ella, inexplicablemente, sólo a través de aquella mirada se sabía viva.

—¿Se siente bien ya?

Eran palabras que había oído antes. Y, sin embargo, tenían ahora un significado distinto, como si de ellas dependiera que volviese al mundo, como si las hubiese esperado ansiosamente, desesperadamente, para cerciorarse de que su vida no estaba perdida, de que el mundo podía permanecer frío e inmóvil, pero ella era capaz de latir, palpitar, dentro de la frialdad súbita que la envolvía. Quiso decir que sí, que estaba bien, que vivía. Pero no pudo. Sólo logró inclinar levemente la cabeza. No estaba segura, sin embargo, de si sus labios habían o no sonreído.

—Por suerte estaba observándola. Pude correr a tiempo para sostenerla. Fue el calor, sin duda...

—*Sí, doctor, calor. Unas espantosas oleadas de calor que parece van a matarme.*

6

—... *esto le hará sentir mejor... Son los primeros síntomas.*

—*¿Tan pronto, doctor? Yo sólo...*

—*... algo muy variable. He tenido casos...*

—El caso es que si desea un taxi...

Se había sentado en el taburete, a su izquierda. Ahora podía ver su rostro y le pareció familiar, quizá porque de algún modo correspondía justamente a su cabeza, que ella había visto de espaldas cuando él, allá en la esquina, observaba la pantalla borrosa del televisor.

—Oh, no, gracias. Sería mucha molestia...

Oyó su propia voz con una resonancia extraña, como si la oyera grabada en un disco. Y él sonrió ampliamente, tanto que casi pareció iba a reír.

—No es molestia alguna. Aquí cerca. En la plaza de Colón.

Había tomado los paquetes y se dirigía a la puerta. Ella cerró bruscamente su bolso, tiró el cigarrillo y lo siguió.

Probablemente el infierno en la calle seguía igual. O, a lo mejor, había amainado. Ella no lo supo. Él iba adelante y ella le seguía. Eso era todo. No había obstáculos ni tropiezos, sino un sendero libre por el cual sólo ella transitaba. Luego, la portezuela abierta. Subió. Iba a decir «Gracias», aunque hubiera querido decir más, pero ya él no estaba allí. Oyó el sonido de otra portezuela al cerrarse. Se volvió sobresaltada. Él estaba en el sitio del chofer, con el rostro vuelto a medias.

—¿A dónde?

Una hora antes se habría reído a carcajadas o, al menos, habría tenido que hacer un esfuerzo sobrehumano para no reír. Ahora, sólo dijo:

—Después de Santa María, carretera del Aeropuerto —e incluso añadió la indicación de rutina—. Por el Condado es el camino más corto. Luego se recostó sobre el espaldar tapizado de amarillo y cerró los ojos. Oyó el *crac* de la banderilla del metro y casi en seguida el característico *tic-tic-tic.* El auto se puso en marcha.

—*Es mejor que te deje el auto, nena. Yo puedo ir a Manresa con Fernández.*
—*No, no, llévatelo. Total, yo no voy a necesitarlo.*
—*Tampoco yo. Se trata de un retiro espiritual con los jesuitas, no de un «week-end» de juerga...*
—*No importa. Si vas en tu propio auto, no tendrás que depender de nadie. Yo puedo usar un taxi...*

No podía explicarse ahora su propia insistencia, excepto por la satisfacción de saber que él iba al retiro de Manresa. Tampoco podría decir si ella creía que él en verdad necesitaba de aquel retiro. Hasta donde era capaz de conocerlo, él seguía siendo un buen hombre. Y debía conocerle bien. Veintidós años. Veintidós años de monótona bondad inalterable. Al cabo de los cuales se ha obtenido todo lo que puede dar la vida: una casa de diseño ultramoderno, un jardín como sólo se ven en las fotos a colores del *House and Garden,* un Cadillac rosa y negro. Y la nueva y suntuosa iglesia de Santa Teresita no muy lejos del hogar impecable.

—*Y dedico esta Comunión hoy, Santísimo Sacramento, a la preservación de la felicidad de mi esposo y de mi hijo. Y, también, a que de algún modo se llene este vacío tan grande que siento en mi alma.*

El taxi frenó bruscamente. Ella abrió los ojos y vio los de él reflejados en el espejito.
—Lo siento. Una luz de tránsito que cambió demasiado pronto.

Volvió a cerrar los ojos. En la vida nada cambia demasiado pronto. ¿O sí?

—*Pero, mami, ya soy un hombre. Puedo ir solo a Europa. Sé cuidarme bien.*
—*No es eso, Jorge. Es que aún estás convaleciendo. Irás en la excursión del año próximo.*
—*No, mami, este año. Tiene que ser este año.*

Con esa irracional terquedad del adolescente, del hijo que vino a la vida un poco tarde. ¿Y qué se puede hacer si incluso el médico dice que el viaje ha de ser beneficioso?

«*Florencia es una maravilla. Lo mejor de Europa, mami. Estamos gozando mucho. Y me siento como nunca. Mañana salimos para Roma.*»

Roma. Roma. El expreso a Roma. Con ese sabor dulzón a *vermouth* en la boca. Y ese vaivén suave del tren en un compartimiento de lujo. Y esa modorra. Y el sueño. Una bruma dorada. Ha caído la noche. Un vaho azul. Un tiempo largo sin fin. El vacío. Y después, nada. Nada. Nada...
De pronto, la voz discreta y suave del conductor, en medio del golpeteo monótono del tren.
—Señora.
Y el característico *tic-tic-tic*.
—Señora.
—¿Roma...? ¿Ya?
Se incorporó y notó que el tren se había detenido. Y que era ya de noche. Pero no vio las luces de la Ciudad Eterna. En cambio, ¡cosa extraordinaria!, oyó la voz familiar del coquí. Y, a continuación, otra voz más inmediata, más íntima.
—Perdone que la haya despertado.
Vio en la penumbra el rostro de él vuelto hacia ella y supo que estaba en el taxi, pero no podía

explicarse por qué era de noche y por qué estaba
en un lugar que, así, de pronto, le resultaba imposible de identificar.

—¿Qué ha ocurrido?

—Hace rato que hemos pasado Santa María. No
me ha quedado otro remedio que despertarla.

—¡Dios santo! ¿Y dónde estamos?

—Frente al Pleamar, en la carretera del aeropuerto.

¿Pleamar? ¿Cuándo había oído ella ese nombre?

—*¿Eres tú, nena? Te llamo para decirte que hoy
almorzaré en el «Pleamar». Asunto de negocios.
Aburrido, claro. Puedes ir al Casino, si quieres...*

¡Qué contrariedad! Tan tarde. Tan cansada.

—*No sé si podré regresar antes de las seis, Fefa.*

—*Pues yo tengo que irme a las cinco, señora. Le
dejaré la carne preparada.*

La carne estaría aderezada, pero tendría que me-
terla al horno. Y freír las patatas. Quizás la ensalada estaría lista en la nevera. Sentía una pereza
enorme. Se metería en cama sin probar bocado.
Pero sabía que debería comer algo. Las luces verdes
de neón parpadeaban como cocuyos: *Pleamar, Pleamar. Pleamar.* Abrió la portezuela.

—Espere aquí, por favor.

Apenas había andado unos pasos hacia la mar-
quesina, sintió un extraño desasosiego. Se detuvo
y volvióse a medias.

—Voy a comer. Si desea... tomar algo, mientras
tanto...

Le pareció que él sonreía en la oscuridad. Trató
de descubrir sus ojos, pero no pudo. Sin embargo,
sentía su mirada sobre sí. Al fin oyó la voz.

—Muchas gracias. Que le aproveche.

Se volvió enfrentándose a la caprichosa arquitectura del edificio que se ocultaba a medias entre un boscaje de almendros. Echó a andar rápidamente hacia la entrada y empujó la puerta de cristales. Sintió, de inmediato, la bocanada de aire acondicionado. Apreció el conjunto de una sola ojeada: el bar encendido de rojo a la izquierda; el salón-comedor a la derecha esfumándose en una luz azul de sueño. El mozo se acercó solícito y le indicó una pequeña mesa al fondo. Ella asintió y le siguió a través de la pista de baile. Sólo pudo ver tres parejas en el salón.

Se había sentado mientras el mozo encendía la vela en la palmatoria de hierro sobre la mesa. A la luz parpadeante de la llama le echó una ojeada al menú. Y ordenó brevemente:

—Ensalada de langosta, flan y café. ¿Tiene pan de centeno?

—Sí, señora.

—Bien tostado, por favor.

—¿Alguna bebida?

—No, gracias.

Le pareció ver una sombra cruzando desde el bar hacia el extremo derecho del comedor. La sombra se detuvo ante el gramófono automático. Oyó el ruido de la moneda deslizándose en las entrañas del aparato. Y casi al segundo, el monstruo se iluminó fantásticamente. Había algo de aterrador en aquella enorme caja de cristal y cromio que, impasible, con infalibilidad de robot, daba al mundo los más variados sonidos, objetivamente, sin emoción, sin sentimiento alguno. Pero había algo también fascinador en la magia hermosa de sus luces cambiantes (verde, rosa, azul, amarillo, rojo) como un arco-iris inquieto, angustiado, como una agua-viva flotando incierta sobre un mar tembloroso y azul. Los violines preludiaron otro temblor y otra angustia. La sombra se alejó en dirección al bar.

Es la historia de un amor
como no habrá otro igual,
que me hizo comprender
todo el bien, todo el mal...

¿En qué mundo remoto había oído ella aquella música, aquella voz desgarrada...? El mozo colocó la copa sobre el mantel azul. Ella le miró sorprendida.

—No he pedido *vermouth.*

—Obsequio del señor en el bar —dijo, y se alejó diligente.

Miró hacia el bar y lo vio de espaldas, la camisa gris ahora con tonalidades rojizas, la cabeza de corte ya familiar con su pelo intensamente rizado, y el reflejo de la luz en la esfera de un gran reloj de oro en su muñeca. Sintió una cruel opresión en el vientre, como si la pequeña faja de seda y goma se hubiese convertido, de pronto, en un instrumento de tortura. Bajó la vista y observó cómo estaba a punto de naufragar el reflejo de la pequeña llama en la bebida color ámbar. Con gesto brusco, apartó la copa.

No supo cuánto tiempo permaneció inmóvil, con la vista fija en el mantel azul, ajena a sí misma y al mundo que la rodeaba. Cuando recobró la conciencia de que existía, había una gran sombra sobre la copa, y su rostro, y la mesa toda.

—Creí que le gustaba el *vermouth.*

Sintió la urgencia de no alzar la vista, de no mirar sus ojos.

—No debió...

—Es italiano.

—No debió...

—Usted me invitó a cenar. Y yo tenía que agradecer de algún modo.

No era cierto. Ella no...

—Sólo dije que entraría a comer. Que usted era libre de...

—¿Eso dijo?

¿Qué habría dicho ella? ¿Qué había en verdad?

¡Ay, qué noche tan oscura,
todo se me ha de volver!

—Siento mucho haber entendido mal. Si quiere, esperaré en el taxi.

—No. Puede...

¿Qué iba a decir ella ahora? ¿Qué iba a decir?

—Muchas gracias.

No, no quise decir... Se había sentado. Exactamente frente a ella. Sólo la llama agonizante entre ambos. Le era fácil ver sus manos grandes y toscas (¿podrían corresponder esas manos a una cabeza de corte hermoso?) sosteniendo un vaso de ron y soda; la camisa gris, extranjera. *Me han dicho que tienen camisas italianas en Clubman, nena;* con finas, apenas perceptibles rayas negras; casi azul bajo la luz del salón; los botones de forma rara dando un terminado exótico a la prenda de seda mate. A pesar de todos sus esfuerzos, los párpados se alzaron para permitirle a su mirada ascender por la pechera gris. Los dos primeros botones estaban fuera de los ojales, formando un improvisado escote en V angosta y larga. Y allí, sobre la piel más clara que la piel de las manos y el cuello, estaba el dragón.

Era un dragón barroco, dibujado en violeta (minuciosa, casi dolorosamente) sobre la piel morena. Y las fauces abiertas y las garras crispadas eran horribles, pero los ojos eran hermosos, y aun en el punto luminoso de cada pupila había algo de verdad y ternura que no era posible ignorar porque despertaba una misteriosa nota dormida en el fondo de cada ser y eso que despertaba con suavidad de un capullo recién bañado en rocío, era dulce y bueno,

y debía ser noble. Porque todo lo que despierta
como despierta una rosa a la vida, ha de ser bueno
y venir de Dios.

Vio la mano de él, grande y tosca, acercarle la
copa, y ella tomó la copa en sus manos y la llamita
de la vela jugueteó con los brillantes de su anillo,
y alzó lentamente la copa y humedeció con unción
sus labios en el licor perfumado. Y ya no había nada
dentro de ella que le impidiera alzar la vista más
allá de la camisa gris y vio la boca sonreída, y la
nariz recta de aletas nerviosas y los ojos, estreme-
cedores como los del dragón.

—¿Bailamos?

Era tan sencilla la pregunta. Y ella se levantó
con la misma naturalidad con que lo hubiese hecho
en la Casa de España si uno de los amigos de su
marido hubiera articulado la misma interrogación,
y sintió el brazo de él rodear su cintura de un modo
como jamás le fue dado experimentar, aunque habían sido muchas las ocasiones en que se supo de-
seada, pero había en sus amigos algo brusco y torpe,
desesperado quizá, porque comprendían que aquello no iba a pasar de un deseo frustrado, siendo
ella, sin lugar a dudas, una mujer honrada. Y sa-
biéndolo ellos. Pero esta vez no había brusquedad
ni torpeza, y el brazo que la ceñía era suave y
seguro como si su talle fuese el lugar en que ese
brazo hubiera descansado toda una vida, o como
si hubiese aún otra vida por delante para ceñirla
y atraerla hacia sí, con aquel mismo y sencillo gesto
de posesión.

Percibió en su garganta el aliento candente de las
fauces del dragón y en su frente la presión tibia
de los labios de él. Y ya no trató de preguntarse
nada ni de saber por qué, de pronto, en el mundo
pueden ocurrir cosas extrañas e inconcebibles. Y es
que una vez se acepta la existencia del dragón, lo
maravilloso se acepta sin extrañeza, sin que sean

necesarias interrogaciones, o respuestas a esas interrogaciones. Y quizá el vacío que se siente en el cuerpo y el alma se deba precisamente a eso, a que alguien ha cerrado toda puerta hacia lo imprevisto y maravilloso, y la vida es sólo un mecanismo infalible, respondiendo a cuidadosa planificación, como el gramófono automático, mientras el Santísimo Sacramento concede tediosamente las mismas gracias de una felicidad que no rebasa el triángulo formado por Santa María, Caribe Hilton y Casa de España. Y no teniendo siquiera la vida una iluminación de arco iris cambiante y angustiado. Pero si uno mira los ojos del dragón, ya nada importa, ni es preciso saber nada, porque ha traspasado la barrera del sonido, y del tiempo, y hasta las frases vulgares de un diálogo corriente adquieren resonancia de maravilla, bajo la bóveda sideral, que es absoluta y no relativa como asegurara el anciano alemán de los isótopos.

—Me llamo Muratti.

—¡Es un nombre italiano!

Tenía que serlo. Porque el *vermouth* es italiano, y la camisa es italiana y Florencia es una maravilla, *lo mejor de Europa, mami, y mañana salimos para Roma.*

—Creo que mi abuelo era corso.

Y a ella le vino a los labios una palabra absurda, que no llegó a pronunciar: *Vendetta.*

—Él fue agricultor en Adjuntas. Yo soy marino mercante.

Y para serlo hay que ser libre, ¡libre! Y una aguja candente graba en Shanghai, dolorosamente, la magia de un dragón violeta. Y en Nápoles hay la tentación de una camisa de seda gris como jamás podrá concebirla la producción en serie de América. Y en Marruecos hay la oportunidad de compra del mejor reloj de oro suizo (robado, quizá). Y en Brasil se adquieren los topacios y las turmalinas a granel para luego venderse de contrabando en los puertos del Golfo. Y mujeres, ¡oh, Dios!, mujeres con todos los olores y todos los sabores del mundo. Pero ninguna, ninguna como ella que ha tomado su taxi, que no es suyo, sino de su hermano enfermo en el hospital, y él lo trabaja para su hermano hasta pasado mañana en que ha de volver al barco, y nada lo ata, nada, porque él es libre; ni mujer e hijos, porque no los tiene, ni religión tampoco porque la perdió en algún lugar remoto de la inmensidad oceánica, y patria mucho menos porque nació en una colonia que no quiere dejar de serlo, nada, nada, excepto el azul de los manteles que ella veía casi en círculo bajo la luz de sueño del salón, mientras giraba y giraba en sus brazos, y era ya todo un vértigo de brumas, girando, azul, girando en luces, en pasión y vida, y felicidad y angustia.

Se dio vuelta y vio, a través de sus párpados apenas entreabiertos, la pequeña luz roja que, de algún modo, le resultó familiar. No estaba segura aún de si había despertado y deslizó la mano derecha bajo la almohada. De pronto, sin motivo aparente, abrió del todo los ojos. Alzó la vista. El techo era liso, desprovisto de instalaciones eléctricas. Volvió a medias la cabeza y vio la minúscula lámpara de bombillo rojo adosada a la pared. Sonrió. La tenue luz rojiza parecía dar a la habitación una tibieza inefable. O quizá la tibieza emanara de su propio cuerpo, al igual que aquella maravillosa sensación de bienestar. Sentía unos deseos tremendos de reír, y de hablar, o más bien de gritar, de gritar sonidos alegremente, sin que fuese preciso articular palabras.

Sacó sus manos de debajo de la almohada y las alzó hacia el techo. Las veía ahora arriba, moviéndose rítmicamente, como si ejecutaran contra el plafón un baile ceremonial, allá, en el extremo de sus brazos, independientes de ella. Sin saber por qué, pensó: *¡Vendetta!* Y se echó a reír. El sonido de su voz la asustó un poco y, bruscamente, se sentó en la cama. Había abrazado sus propias piernas, apoyando la frente en sus rodillas y así, acurrucada en sí misma, empezó a balancearse suavemente, sonriendo más y más de su pueril sobresalto, acentuando el balanceo a medida que se acentuaba su sonrisa, hasta que perdió el equilibrio y cayó blandamente hacia un costado.

Su mejilla había ido a descansar sobre las fauces del dragón. Le observó moverse rítmicamente al compás de la respiración del hombre, en una especie de danza sensual y exótica. Al alzar la vista vio los ojos de él entreabiertos y una tenue sonrisa en sus labios. Sintió la mano tosca deslizarse por su nuca y la presión que acercaba su rostro más y más a la sonrisa aquella hasta que la extrema proximidad borró toda imagen. Luego él apartó con ambas manos el rostro de ella, le besó los ojos y la hizo apoyar la cabeza bajo su barbilla, como si quisiera acunarla, o protegerla al menos.

—¿Sabes la hora?

Ella no la sabía ni el tiempo en verdad era cosa que importase, estando ella allí, sobre su pecho, con esa sensación remota, ya casi olvidada, de niña en brazos del padre que sabe querer y mimar.

—Son las tres. Debo llevarte ya.

... llevarte a la zarzuela, o a la primera Comunión, o al cumpleaños de Nancy. Llevarte al Colegio o al primer baile o a la Universidad. Llevarte al altar...

—¡No, al altar no!

—A tu casa, quiero decir. ¿Vamos?

Pero no se movió y ella ni siquiera percibió el *tic-tac, tic-tac* del reloj de oro en la muñeca de él.

Aunque ahora el sonido no era el mismo, sino el *tic-tic-tic* del metro y luego el *crac* de la banderilla

de metal y después el silencio dentro del taxi, y los
coquíes en el jardín. Él había abierto la portezuela
y esperaba. Y fue entonces cuando por vez primera
sintió un miedo espantoso de enfrentarse a él. Pero
no podía prolongar la situación eternamente y, haciendo un esfuerzo, salió del auto.

Los faroles encendidos del taxi bañaban la fachada de la casa. A su luz todo parecía extraño, irreal,
incompleto. La casa era sólo fachada; el jardín, un
artificio inventado por alguien que no tuviera sentido del color o la forma. Y miles de ojos, en las
sombras, acechando, acechando...

Abrió el bolso.

—¿Cuánto?

Era una pregunta sencilla y rutinaria, pero apenas pronunció las palabras sintió tanta vergüenza
que creyó iba a echarse a llorar. La voz de él sonó
tranquila.

—Tres cincuenta.

Sabía que era imposible. El metro debía estar
marcando mucho más. Pero no tuvo el valor de cerciorarse. Le alargó un billete de veinte en la esperanza de que cobrara lo justo.

—¿Me puede dar un billete más pequeño? No
tengo cambio para tanto. —Hablaba en tono cortés,
casi amable, y ella hubiese jurado que se estaba
sonriendo. Pero no quería alzar la vista hasta él.
Buscó un billete de diez y se lo alargó. Vio cómo
él sacaba su billetera, metía en ella el billete y le
extendía el cambio.

Ella tomó el dinero y se alejó presurosa.

—Espere.

Sintió los pasos a sus espaldas. Miró la puerta, la
puerta ancha de la fachada, y tuvo deseos de echar
a correr antes de que le diera alcance. Pero ya él
estaba a su lado.

—Le falta medio peso del vuelto.

Ella vio la moneda en su mano izquierda (su mano

grande y tosca), el reloj de oro, el puño de la camisa gris.

—Es suyo. La propina...

—No hace falta.

—Es suyo —y su propia voz le sonó a sollozo.

—Gracias.

Pero ella no se movió porque él estaba en su camino y porque su voz al decir «gracias» le había sonado a la misma voz que había escuchado bajo una luz rojiza.

—Si necesita taxi hoy...

—¡No! —El grito le dolió en las entrañas.

Hubo una pausa. La mano de él se extendió abierta hacia ella.

—Mi barco sale mañana...

Mañana, no; pasado... Pero no, era cierto: mañana. Porque el mañana de anoche era ya hoy. Alzó al fin su mirada. Preguntóse entonces por qué había temido mirarle, por qué había creído morir de vergüenza si sus ojos llegaban a alcanzar los de él. Estaban allí sus ojos, mirándola, con una mirada limpia y buena (sin nada turbio, ni atemorizante, ni vergonzoso en ellos).

Y vio su propia mano alzarse, sin obedecer su voluntad siquiera, hasta tocar la otra, y sentirla brevemente estrechada.

—Buenas noches —dijo él. Y no vio más sus ojos.

Oyó los pasos alejándose, la portezuela del auto al cerrarse, el motor en marcha. Y la luz de los faroles empezando a resbalar por la fachada, por el jardín, por su propio cuerpo; alargando grotescamente la figura de su cuerpo en el césped, alejándose, huyendo, diluyéndose en la oscuridad, y el silencio, y la soledad y el vacío. Y ella, sin sombra ya, diluida, rompiéndose en gritos que no llegaba a articular su garganta, echando a correr, definitivamente, hacia la puerta cerrada.

EN LA POPA HAY UN CUERPO RECLINADO *

Son of man,
You can not say or guess, for you know only
A heap of broken images, where the sun beats.

T. S. ELIOT *(The waste land).*

A pesar del sol inmisericorde, los ojos se mantenían muy abiertos. Las pupilas, ahora, con esta luz filosa, adquirían una transparencia de miel. La nariz, proyectada al cielo, y el cuello en tensión, parecían modelados en cera: ese blanco cremoso de la cera, esa luminosidad mate del panal convertido en cirio. Lástima que el collar de seda roja ciñera la piel tan prietamente. Lucía bien el rojo sobre el blanco cremoso de la piel. Pero daba una inquietante sensación de incomodidad, de zozobra casi.

El cuerpo desnudo estaba reclinado suave, casi graciosamente, en la popa del bote. Desnudo, no. Los senos, un poco caídos por la posición del torso, lograban a medias ocultarse tras la pieza superior de la trusa azul.

Remaba lenta, rítmicamente. No le acuciaba prisa alguna. No sentía fatiga. El tiempo estaba allí inmovilizado, tercamente inmóvil, obstinándose en ignorar su destino de eternidad. Pero el bote avanzaba. Avanzaba ingrávido, como si no existiese el peso

---

* Primer Premio en el Certamen de Cuentos del Ateneo Puertorriqueño, 1956. Incluido en la primera edición de *En una ciudad llamada San Juan*, 1960.

del cuerpo semidesnudo reclinado suave, casi graciosamente, sobre la popa...

El bote pesa menos que el sentido de mi vida junto a ti. Y los remos transmitían la levedad del peso a sus manos. Sus músculos, en la flexión rítmica, apenas si formaban relieve en los bíceps; meras cañas de bambú, apenas nudosos, sin la forma envidiada de otros brazos, a pesar de las vitaminas que en el anuncio del diario garantizaban la posesión de un cuerpo de Atlas, de atleta al menos.

Observó su propio pecho hundido. *Debo hacer ejercicio. Es una vergüenza.* La franja estrecha de vellos negros separando apenas las tetillas. *Dejaré de fumar el mes próximo. Me estoy matando.* No sentía el sol encendido en su espalda. Quizá por la brisa. Era una brisa acariciante, suave, fresca, como si en vez de salitre trajera humedad de hoja de plátano o rocío de helechos. Resultaba extraño. Ninguna de sus sensaciones correspondía a la realidad inmediata. Pero el bote avanzaba. Y su propio vientre escuálido formaba arrugas más arriba del pantaloncito de lana. Y abajo, entre sus piernas, el bulto exagerado a pesar de lo tenso del elástico.

Porque hay un absurdo cruel en el sentido equilibrio de ese alguien responsable de todo; que no es equilibrio, que no tiene en verdad sentido, que no es igual a mantener el bote a flote con dos cuerpos, ni hacer que el mundo gire sobre un eje imaginario, porque estar aquí no lo he pedido yo, del mismo modo que nunca pedí nada. Pero exigen, piden, demandan, de mí, de mí sólo. Eres tan niño. Y tienes ya cosas de hombre. *Y no supe si lo decía porque escribía a escondidas o por lo otro. Pero no debió decirlo. Porque una madre haría bien en estrujar cuidadosamente las palabras en su corazón antes de darles calor en*

*sus labios. Y nunca se sabe. Aunque por sa-
berlo acepté ir con Luis a la casa del balcón
en ruinas donde vivía la vieja Leoncia con las
nueve muchachas. Y comprobaron todas que
sí, que yo tenía cosas de hombre, y gozaron
mucho, sobre todo la bajita de muslos duros
y mirada blanda como de níspero. Pero fíjate
que eso no es ser hombre. Porque ser hombre
es tener uno sentido propio. Y ella lo tenía
por mí:* No te cases joven, hijito. *Y el sentido
no estaba en el amor. Porque el amor estaba
siempre en una muchacha negra, o mulata, o
pobre o generosa en demasía con su propio
cuerpo. Y no era ése el sentido que ella tenía
para mí, sino una blanca y bien nacida. Y tampoco era en escribir:* Deja esas tonterías, hi-
hijito, *sino en una profesión, la que fuese,
que no podía ser otra sino la de maestro, porque no siempre hay medios de estudiar lo
que más se anhela. Y murió al llevarle yo el
diploma, no sé si de gusto, aunque el doctor
aseguró que era sólo de angina. Pero de todos
modos murió. Y yo creí que al fin mi vida
tendría un sentido. Pero no se puede llenar
una vida vacía de sentido como se ahíta una
almohada con guano, o con plumas de ganso,
o con plumas más suaves de cisne. Porque ya
yo era maestro. Y no pasaría necesidades,
teniendo una carrera, como había asegurado
ella, ni escribiría jamás. Y te conocí a ti que
prometías dar amor a mi vida, suavidad a mi
vida, como pluma de cisne. Y me casé contigo,
que entonces tenías los pechitos erguidos y
eras de buena cuna, y creí que sería hombre
de provecho porque no fui más a la casa
vieja de balcón en ruinas (a Leoncia sólo la vi
luego cargando el Sepulcro, los Viernes Santos, en la procesión de las cuatro), y me dedi-*

qué a trabajar como lo hacen los mansos y a
quererte como el que tiene hambre vieja de
amor, que eso tenía yo, porque no hay ser que
viva con menos amor que el hijo de una ma-
dre que dirige con sus manos duras el destino,
y es esclava de su hijo. Y esa hambre de amor
que yo tenía desde chiquito y que no saciaban
las muchachas de la casa vieja (eran nueve
las muchachas) estaba en mí para que tú la
saciaras, y por eso no escribí ya más, y todo
ello para que estés ahora ahí, quieta, en la
popa del bote, como si no oyeras ni sintieras
nada, como si no supieras que estoy aquí, go-
bernando la nave, yo, por vez primera, hacia
el rumbo que escoja, sin consultar a nadie,
ni siquiera a ti, ni a mi madre porque está
muerta, ni a la principal de esa escuela donde
dicen que soy maestro («mister», «mister», usted es lindo y me gusta y el mundo se está
cayendo), *ni a la senadora que demanda que*
yo vote por ella, ni a la alcaldesa que pide
que yo mantenga su ciudad limpia, ni a la
farmacéutica que exige que yo, precisamente
yo, le pague la cuenta atrasada, sonriendo,
como sonríen los seres que tienen siempre la
vida o la muerte en sus manos, ni a la doctora
que atendió al nene, ni a todas las que exigen,
y obligan, y piden, y sonríen, y dejan a uno
vacío, sin saber que ya otra había vaciado de
sentido, desde el principio, al hombre que no
pidió estar aquí, ni exigió nunca nada; a nadie,
¿entiendes?, a nadie.

¿Por qué se afinaba tanto la costa? La copa de
los cocoteros se fundía ya con las tunas y las uvas
playeras. Era una pincelada verde, alargada, como
una ceja que alguien depilara sobre el párpado se-
micerrado de la arena. *El mar parece azul desde la*

costa, pero es verde aquí, sólo verde. ¿No había una realidad que fuese inmutable sin importar la distancia?

Cada remo hacía *chas* al hundirse en el agua y luego un *glú-glú* rápido. Y a pesar de ser dos los remos, el sonido era simultáneo, como si fuese uno. El cuerpo en la popa seguía ejerciendo una fascinación indescriptible. No era que los senos parecieran un poco caídos. Eso sin duda se debía a la posición de ella frente a él. Pero el vientre no era tan terso como la noche de bodas.

—No, así no quiero. Los hijos deforman el cuerpo.

Precisamente allí, donde la pieza inferior de la trusa azul bordeaba la carne tan apretadamente, se había deformado el vientre.

—Ay, mi pobre cuerpo. Por tu culpa.

Y había crecido ahí, precisamente ahí, en el lugar que había sido terso y que él besara con la pasión de una luna perdida en la búsqueda inútil de su noche. Hasta que no pudo crecer más y rompió la fuente de sangre y gritos.

—Es un niño.

¡Qué débil y frágil es! Como son siempre los niños. Aunque la fragilidad de la embarcación no le impedía llevar el peso de los dos cuerpos rasgando el verde desasosegado del mar. El sol de nadie tenía piedad. Y él remaba sin prisa, el infinito a su espalda. *¡Es tan frágil la infancia!* Tan frágil un cuerpo reclinado suave, casi graciosamente, sobre la popa del bote.

Ahora no sentía el cansancio de las noches y las mañanas.

—El nene está llorando.

—Levántate tú. Yo estoy cansada.

Remaba rítmicamente, sin esfuerzo casi, sin fatiga, la brisa salpicando de espuma el interior del bote.

—Por mí, querido, un televisor...

—No sé si pueda. Este mes...

—La vida no tiene sentido sin televisor.

La vida no tenía sentido, pero el sol evaporaba rápidamente las gotas tenues de mar sobre la piel de ella.

—Mañana vence el plazo de la lavadora eléctrica.

Cada remo hacía *chas* al hundirse en el agua y luego un *glu-glú* rápido, huidizo. Pero lento, angustioso, enloquecedor, saliendo de la incisión en la garganta del nene por el tubo de goma con olor a desinfectante.

—Si se obstruye el tubo, muere el niño. (*El niño mío, quería decir ella, el niño que era mi hijo.*)

Café negro y bencedrina. *Aléjate, sueño, aléjate.* Limpiar el tubo, mantener el tubo sin obstrucciones. *Glu-glú*, al unísono, los remos saliendo del agua. *Glu-glú*, el reloj de esfera negra, sobre la mesa de noche.

—Papi, mami está llorando porque se le quemó el arroz. (*Ay, se le quemó el arroz. Otra vez se le quemó el arroz.*)

Glu-glú, y la espuma del tubo, que era preciso limpiar. *Cuidadosamente. Cuidadosamente*, con el pedazo de gasa desinfectada.

—Papi, cuando yo sea grande, ¿me casaré también?

Café negro y bencedrina. ¿Por qué los remos empezaban de súbito a sentirse pesados y recios bajo sus manos? *Café negro...*

—No puedo más. Quédate tú ahora con el nene.

—Yo no. Los nervios me matan. Soy sólo una débil mujer.

Glu-glú. Glu-glú. Minuto a minuto. *Glu-glú*, en el reloj de la mesa. *Glu-glú*, en la punta de los remos. *Glu-glú*, en los párpados pesados de sueño. *Glu-glú. Glu-glú. Glu...*

—Otra vez tarde. Y ayer faltó usted a clase.

—Ayer enterré a mi hijito.

Ya la tierra no se veía. Ya el horizonte era idéntico a su izquierda o a su derecha, frente a sí, o a sus espaldas. Ya era sólo un bote en el desasosiego del

mar. Y ahora que era sólo eso, ahora que no impor-
taban los límites ni los horizontes, los remos empezaban a perder su ritmo lento para moverse a golpes
secos, febriles, irregulares.

—Este vecindario se ha vuelto un infierno.

—Era bueno cuando nos mudamos.

—Hay algo que se llama el tiempo, querido. Y que
pasa. Pero nosotros...

Nosotros somos una pareja de tantas, por-
que el marido es maestro y la mujer una bien
nacida, y peor hubiese sido si soy escritor, aun-
que no estoy seguro. La principal es mujer, y
la alcaldesa es mujer, y la senadora es mujer,
y mi madre fue mujer, y yo soy sólo maestro, y
en la cama un hombre, y mi mujer lo sabe, pero
no es feliz porque la felicidad la traen las cosas
buenas que se hacen en las fábricas, como se
la trajeron a la supervisora de inglés, y a otras
tan hábiles como ella para atraer la felicidad.
Pero mi mujer no. Pero Anita, de la Calle Luna,
es feliz cuando me goza, o aparenta que me
goza, a pesar de que es mayor que aquellas
muchachas de la vieja casa de balcón en rui-
nas (eran nueve las muchachas y la menor te-
nía los muslos duros y la mirada de níspero),
pero no pide absurdos, sólo lo que le doy, que
es bastante en un sentido, mas no exige un
traje nuevo para la fiesta de los Rotarios el
mismo día en que me ejecutan la hipoteca, y
los cuarenta dólares que me descuentan del
sueldo por el último préstamo y quince más
para el Fondo del Retiro, porque la ley que
hizo la senadora es buena y obliga a que yo
piense en la vejez (la de mi mujer quiere decir
la ley, porque no hay ley que proteja al hom-
bre), aunque antes de llegar a esa vejez que la
ley señala no se tenga para el plazo atrasado

del televisor (nadie puede vivir sin televisor,
ay, nadie puede), *y ella insiste en que lo eche
afuera para conservar el cuerpo bonito y lucir
el traje nuevo (no ése, sino el último, el de la
falda bordada en «rhinestones»), si tan siquiera fuese para gozarlo (su cuerpo, digo), pero
apenas me deja, con esa angustia de lo incompleto, y todo por no usar la esponja chica,
como dijo la trabajadora social de Bienestar
Público que es en verdad* Malestar Privado *o
cuando no con aquello de* no, me duele, *que
Anita no me dice porque se conforma con los
tragos en la barra y los cinco dólares, más dos
del cuarto que usamos esa noche, y no se que-
ja, ni le duele, porque no es bien nacida y tampoco estoy seguro de que sea blanca.*

—¿Es que no tienes vergüenza ni orgullo, querido?
La gente decente vive hoy en las nuevas urbanizacio-
nes. Pero nosotros...

Las puntas del pañuelo rojo que ceñía el cuello tan
justamente flotaban al aire gritando alegres *trap-
traps*. Él estaba seguro de haber apretado el lazo con
firmeza al notarlo demasiado flojo (por eso ahora
parecía un collar de seda), pero lo había hecho con
gestos suaves para no incomodarla, para que no se
alterara en lo más mínimo la posición graciosa del
cuerpo sobre la popa. Por lo demás, el bote avanzaba.

—Si yo fuese hombre ganaría más dinero que tú.
Pero soy sólo una débil mujer...

*Una débil mujer destinada a ser esclava del
marido porque yo soy el marido y ella la esclava. Mi madre era también una débil mujer.
Y si mi hijo no hubiese muerto también habría
sido el amo de dos esclavas y es mejor que muriera. Un maestro no muere, pero precisa te-*

*nerlo todo eléctrico, porque no hay servicio
y cómo ha de haberlo si las muchachas del
campo se van a la fábricas o a los bares de la
Calle Luna (a casa de Leoncia no porque murió un Viernes Santo, mientras cargaba el Sepulcro en la procesión de las cuatro), y se
niegan a servir, lo cual es una agonía en el
tiempo porque creen ser libres, y no lo son si
luego aspiran a salir de la fábrica, y tener, y
exigir, y el marido agonizar, porque la estufa
eléctrica es buena, y la olla de presión también,
pero el arroz se amogolla, o se quema, y las
habichuelas se ahúman, y los sánuiches de «La
Nueva Aurora» no son alimento para un hombre que trabaja, y hay que gastar en vitaminas
que la farmacéutica despacha con su sonrisa
eterna, y a veces me dan tentaciones de pedirle
veneno, pero en casa no hay ratas, aunque es
cierto que tengo una especie de erupción en
las ingles, y alguna cosa habrá para esa molestia (me pregunto si la farmacéutica sonreirá*
también *cuando le hable del escozor en mis
ingles), un polvo que sea blanco y venenoso
porque ahora en el verano es peor (la erupción,
quiero decir), y tengo que llevarla a la playa
y me dará dolor de cabeza hablándome del
auto nuevo que debo comprar, y de las miserias que pasa, y de su condición de mujer débil y humillada, hasta que me estalle la cabeza
y me den ganas de echarle plomo derretido en
todos los huecos de su cuerpo, pero no le
echaré nada porque soy maestro de criaturas
inocentes* («mister», «mister», *a esa niña la
preñó el conserje), y para sentirme vivo tengo
que ir a la Calle Luna, pero a Anita, claro está,
yo no le haría daño, y es que en casa es donde
soy el amo, hasta que reviente.*

Vio en el fondo del bote sus propios pies desnudos : los dedos largos, retorcidos, encaramándose uno encima del otro. *Me aprietan, madre. Ese número te queda bien, hijito. Pero me aprietan, madre. Ya los domarás; son bonitos,* como si quisieran protegerse, unos a otros, contra la crueldad del mundo. Y vio luego los pies de ella formando óvalos casi perfectos, con los dedos suaves y pequeños, las uñas de coral encendido.

—¿Para qué estás amolando ese cuchillo tan viejo?

—Para mañana. Para abrir unos cocos en la playa mañana.

—Me da dentera.

Observó el vuelo de un ave marina sobre el bote : el plumaje tan blanco, los movimientos tan gráciles, la forma toda tan bellamente encendida de sol. Y el ave se lanzó sobre el agua y volvió a remontarse con un pez en sus garras. Y eran unas garras poderosas, insospechadas en la frágil belleza del cuerpo aéreo.

—Tenemos que cambiar la cortina vieja del balcón, querido. ¡Qué vergüenza! Somos el hazmerreír del vecindario.

El vecindario ríe, y oigo su risa, y debe sus cuentas en la misma farmacia. La farmacéutica entregándole el pequeño paquete : la calavera roja sobre dos huesos en cruz. «Uso externo.» *¿Veneno para las ratas?* Sonriendo, sonriendo siempre.

El cuchillo viejo estaba a sus pies, en el fondo del bote, las manchas negras oscureciendo el filo.

—¡Cuidado, que el coco mancha!

—No importa, queridita. Pruébalo. Es fresco y dulce. *(Uso externo no; interno, interno.)*

—Es demasiado picante.

—No importa, queridita. Vamos a pasear en bote. Y no tendremos agua a mano por un buen rato. Bebe.

Remaba ahora con furia, sin sentido del rumbo. El

bote, inexplicablemente, describía círculos amplios, más amplios...

—No es que yo sea mala, querido. Es que nací para otra vida. ¿Qué culpa tengo, si el dinero...?

Los círculos, cortados limpiamente a pesar del desasosiego del agua, daban la sensación de que había en ello un propósito definido. ¿Pero lo había? El bote giraba locamente empezando a estrechar los círculos. *¿Qué busca el bote, qué busca el bote?*

—Mami dice que tú eres un infeliz. ¿Por qué tú eres un infeliz, papi?

El sudor de la frente le caía a goterones sobre los párpados, atravesando las pestañas para dar a la visión del mundo la sensación de un objetivo fuera de foco.

—¿Sabes, querido? Un hombre de verdad le da a su mujer lo que ella no tiene.

Y la nicotina en los bronquios, aglutinándose para obstruir la respiración. El pecho escuálido era un fuelle de angustia y ruidos, la franja estrecha de pelos separando apenas las tetillas. Y era desordenada, exasperante la flexión de los brazos moviendo los remos.

El bote acortaba los círculos, los hacía más reducidos, pero siempre inútiles, furiosamente inútiles, como un torbellino que aparenta tener sentido oculto, sin tenerlo, excepto el único de girar, girar con rabia atroz sobre sí mismo, devorando sus propios movimientos concéntricos.

De pronto dejó de remar. El bote, huérfano de orientación y mando, osciló peligrosamente. El sudor seguía dando a sus pupilas la visión de un mundo fuera de foco. Pero reinaba el orden porque allí, de súbito, estaba ahora la anciana de pelo blanco, semidesnuda en la trusa azul, asqueante, su cuerpo expuesto al sol inmisericorde.

—Eres muy joven para pensar en el matrimonio. No pienses en eso *todavía*, hijito.

—No pienso en eso, madre. Lo juro. No pienso en eso, *ya*.

Jadeaba de fatiga, aunque sus brazos permanecían inmóviles, laxos, doloridos, abandonados los remos que flotaban y se deslizaban de sus manos, y se alejaban, sin remedio, en el tiempo, sobre lo verde...

—Papi, mami dice que tú no debías...

Pero debí hacerlo desde hace años. Debí hacerlo. Porque hay algo que le roe a ella las entrañas, demandando, exigiendo, de mí, que no tengo la culpa de poseer lo que ella no tiene y nunca pedí a nadie. Sólo vivir tranquilo, buscando un sentido de mi vida. O angustiado, no logrando encontrarlo jamás. Pero sin esa presión horrible de la envidia de ella, sin esa exigencia de siempre proporcionar a su vida cosas que no entiendo. Ayer se llevaron la lavadora eléctrica. *Porque piensa que ser hombre es sólo eso.* La casa nueva, querido. *Pero ser hombre es, por lo menos, saber por qué está uno en un bote sobre las aguas verdes que de lejos parecen ser azules. Y, sin embargo, si ella lo pide.* Si tú lo pides...

Lo pedía, dentro de la trusa azul, reclinada en la popa, aquella criatura radiante y juvenil, de belleza sobrehumana. *Baile en los Rotarios, querido.* El sol de nadie tenía piedad. *¿Me queda bien lo rojo, querido?* El cuchillo a sus pies tuvo un chispazo cegador a pesar de las manchas negruzcas en el filo. *Ni pensar en otro hijo. ¡Y con tu sueldo...!* Al inclinarse a agarrarlo sus ojos resbalaron sobre el abultado relieve entre sus piernas. *Ay, no, querido, que me haces daño.*

Daño en el alma a un hombre que no pide sino buscar el sentido de su vida. Llamada urgente del banco. *Tampoco mi hijo lo hubiese encontrado.* Llamada urgente... *Y es mejor que muriera.* Ejecutaron ya... *Pero no puedo. Porque antes he de saber por qué estoy aquí.* Sin prórroga... *Y no me han dado tiempo.* Muy señor nuestro, lamentamos... *No me han dejado paz para la búsqueda.* Telegrama del Departamento. Telegrama... *¡Todo lo que quieran por tener la paz!* Lamentamos... *Y saber. Saber...*

—Cosas de hombre, hijito.

—Sí, madre, del hombre que nunca conociste.

Se puso de pie. El bote osciló bruscamente, pero él logró mantener el equilibrio. En la popa había un cuerpo. Inmóvil ya, era cierto. Pero el mundo allá, en la playa, seguía siendo un mundo de devoradoras y de esclavos. Y acá, era un viaje sin retorno. Introdujo el cuchillo entre su carne y el pantaloncito de baño. Volteó el filo hacia afuera. Rasgó la tela. Hizo lo propio en el lado izquierdo, y los trozos de lana, junto a las tiras de elástico, cayeron al fondo del bote entre sus pies desnudos.

El bote estaba solo entre el cielo y el mar. Nada había cambiado. El sol era el mismo. Y la brisa seguía arrancando alegres *trap-traps* a las puntas del pañuelo de seda roja. Pero el tiempo, antes inmóvil, empezaba a proyectarse hacia la eternidad. Y ahora él estaba desnudo en el vientre del bote. Y en la popa había un cuerpo reclinado.

—Un hombre da a su mujer...

Sí, querida, ya lo dijiste antes. Con la mano izquierda agarró el conjunto de tejido esponjoso y lo separó lo más que pudo de su cuerpo. Levantó el cuchillo al sol y de un tajo tremendo, de espanto, cortó a ras de los vellos negros. El alarido, junto al despojo sangrante, fue a estrellarse contra el cuerpo inmóvil que permanecía apoyado suave, casi graciosamente, sobre la popa del bote.

EL JURAMENTO *

Aguarda, riguroso pensamiento,
no pierdas el respeto a cuyo eres.
Imagen, sol o sombra, ¿qué me quieres?
Déjame sosegar en mi aposento.

FRANCISCO DE QUEVEDO

Cuando el juez —espejuelos de concha, cara de gato famélico— leyó en silencio el pliego del presidente del jurado, ya él sabía el veredicto. Por eso no pestañeó al oír luego la palabra:

—¡Culpables!

El abanico eléctrico producía un zumbido fascinante que eclipsaba en sus oídos la voz monótona del hombre flaco en el estrado. Cerró los ojos con placidez, casi sonriendo. Pero volvió a abrirlos a la voz histérica de la mujer. La vio a su lado, el rostro casi verde, gritando cosas ininteligibles. Sólo captó palabras sueltas: «patria, martirio, transfiguración».

Lo que le molestaba no eran las palabras, sino la voz. El tono era tan agudo y perturbador que no le permitía oír el zumbido del abanico. Para colmo, los malletazos del hombre-gato en el estrado se unieron a la histeria de la mujer. Afortunadamente, el abogado de oficio y dos de los acusados lograron calmarla.

Echó una ojeada a los otros seis acusados. Estaban tan pálidos como la mujer. Pero se mantenían

---

* Del libro del autor *Otro día nuestro* (1955).

erguidos y silenciosos. Volvió a cerrar los ojos y pensó cuán estúpido era todo aquello. Sonrió al reconstruir en su mente la cara del fiscal en los momentos de crisis. No había duda que se trataba de una cara de perro inglés, cuya esencial característica era la fealdad. Pero le resultaba patética. Cómica a veces. Recordaba que en varias ocasiones le había sido imposible contener la risa. Cierto que cada carcajada le costó una condena por desacato. Pero en aquellas ocasiones no había podido mantenerse serio. Aun ahora tenía que hacer esfuerzos para evitar una sonrisa demasiado amplia al pensar en ello.

La vez que rió mejor fue cuando despejaron la sala de público. En cuestión de segundos toneladas de artefactos bélicos, variadísimos en uso, forma y tamaño, ocuparon con ejemplar compostura los asientos destinados a los espectadores.

—¿Qué es eso? —le preguntó al abogado de oficio.

El hombre, sentado a su izquierda, se limpió el sudor de la frente con un pañuelo empapado en alcoholado barato:

—Parte de la evidencia —murmuró.

Fue entonces que a él le vino la carcajada tremenda, la que dejó a todos inmovilizados de horror. Al abogado se le cayó el pañuelo al piso. Y se le quedó mirando con mayor espanto que si los artefactos bélicos recién traídos hubiesen enfilado contra él su poder mortífero.

—Me arruina usted —balbuceó en un hilo de voz que quería romperse.

Pero a él poco le importaba la ruina de aquel infeliz. Sus ojos no podían apartarse de los artefactos negros arrellanados lindamente en las butacas como si tomasen en serio su papel de espectadores. Y la risa azotaba su cuerpo como una ráfaga salvaje, feroz, demoníaca.

El hombre flaco en el estrado empezó al fin a golpear su juguete contra la mesa, como un niño malcriado. A la infantil rabieta del juez, dos empleados lo sacaron a él de la sala. En la jaula de los detenidos le molieron la cara a puñetazos. Pero luego fueron gentiles y le hicieron beber sorbitos de agua en un vaso chato y sucio.

Cuando volvió a la sala le esperaban los ojos regañadores tras los espejuelos de concha y la tercera sentencia por desacato.

Lograron al fin curarle la risa de la boca. Pero no de los ojos. Y ésa, que nadie podía quitarle, fue su mayor placer durante el resto del proceso. La risa de sus ojos no interrumpía al tribunal. No provocaba desacato. A nadie molestaba. Nadie la veía. Excepto el fiscal. El hombrecito pequeño, de vientre voluminoso y cara de perro inglés, descubrió la risa en sus ojos. Y esa risa lo desconcertó, lo obsesionó, lo enloqueció.

—¡Su «Honor»! —vociferó al fin, con las quijadas caninas temblorosas de rabia—. Dígale a ese acusado que no se ría de mí.

El hombre flaco, a quien el fiscal llamaba «honor» y el abogado de oficio llamaba «señoría», abrió los ojos como platillos.

—No veo reírse a ninguno de los acusados.

—Sí, Su «Honor». ¡Ese! Ese se ríe de mí *con los ojos.*

Al oír aquello, al presidente del jurado se le escapó una risita que luego disimuló con un fuerte golpe de tos. El hombre que era «honor» o «señoría» dio tres cantazos con el martillito de madera:

—Le ruego al representante del pueblo que se deje de vainas.

Lo de «vainas» hizo crecer como cuatro pulgadas de rabia al fiscal, pero el martillito, al verlo crecer, dio tantos golpes en la mesa que no le dejó decir lo que quería. Unica vez en todo el proceso.

Ahora él, con los ojos cerrados, escuchaba el

bzzz del abanico eléctrico y sonreía pensando en lo divertido que a la postre resultó todo.

La «vaina», como diría el hombre flaco del martillito, había empezado muchos meses atrás. Empezó exactamente aquella madrugada cuando lo sacaron de la cama para arrestarlo. Meche lo miró con ojos de espanto, pero él le dijo que sin duda debía ser una equivocación y que volvería en seguida. Claro que no volvió. Ni supo más de ella. No le permitieron nunca llamadas telefónicas, ni cartas, ni visitas. Pero ya ella se las habría arreglado. Meche no era mujer que se ahogara en un vaso de agua. Poseía dos buenas manos para el trabajo. Y salud. Buen cuerpo, además. Por si fallaban las manos. Él, acá, no se gastaba el lujo de los celos. Y ella, allá, tenía perfecto derecho a buscárselas. Tan honradamente como lo permitieran las circunstancias.

Al taller de la imprenta no pudo ni siquiera mandar aviso. Pero el jefe del taller se habría enterado por los periódicos. Y en su puesto ya tendrían a otro esclavo de la máquina de linotipo.

En verdad, se sintió tranquilo al principio, seguro de que la equivocación se aclararía en cuestión de horas. Pero las horas pasaron. Y los días. Y las semanas. Entonces le vino la angustia. Luego, la desesperación. Al fin, el paroxismo, la casi locura. Unos muros que le robaban todo horizonte, unas preguntas sin respuesta, una acusación que no conocía, una incomunicación que era un desamparo sin límites, un suelo movedizo donde se iban hundiendo uno a uno sus atributos de ser libre, una bóveda de anonimato que, día a día, bajaba más amenazadora sobre su cabeza.

Y pasaron los meses. Y creyó que se habían olvidado de él. Su voz, entonces, se hizo un grito largo.

—¡Estoy aquiiií! ¿Me oyen? ¡Estoy aquiiiií!

Y creyó que habían borrado su nombre de las

fichas de todos los archivos. Y su grito se alargaba
en el alba; antes del sol, largo, largo.

—¡Soy yoooo! ¡No pierdan mi nombreeee!

Y llegó a creer que su nombre *nunca* había estado en los archivos. Y su voz se alargaba más en el
crepúsculo; con el sol, larga, larga.

—¡Siempre fuiiii! ¿Me oyen? ¡Busquen mi nombreeee!

Y pasaron los meses. Y llegó hasta a olvidarse de
su nombre. Y su voz se alargaba en la noche, más
y más, sin sol ya, larga.

—¡Ya no soy! ¡Exijo un nombre! ¡Un nombreee!
¡Yooo!

Pero grito, voz o sollozo se perdía entre la bóveda
que bajaba aplastante y el suelo movedizo donde
se hundían sus pies.

—¡Por Dios, un nombreeeee!

Y el sollozo se volvió susurro de agonía.

—¡Un nombre... por Dios Santo!

Hasta que llegó el estupor. Y después, el silencio.

Cuando la bóveda casi tocaba el suelo y a él no
le importaba ya ser aplastado o hundirse, entró el
hombre y dijo:

—Soy su abogado.

Entonces comenzó el disparate. Emergió del estupor purgado de todo sentido de lo trágico. Y aflo-
ró a su conciencia el puro sentido del absurdo. Y
con él, la risa.

Para empezar, no se explicaba por qué su regreso
a la razón estaba envuelto en un olor penetrante
a alcoholado. Luego comprobó que el olor venía del
pañuelo que el hombre se pasaba por el cuello.

—Usted, naturalmente, es culpable. Pero tengo órdenes del tribunal. Cinco abogados de oficio han
rehusado. Yo cumplo con mi deber.

—¿Qué marca de alcoholado usa usted?

El otro se le quedó mirando como un idiota. Al
fin, dijo en voz casi inaudible:

8

—Superior 70.

—Yo uso Santa Ana.

Como el otro permaneciera petrificado, él sonrió amablemente para luego preguntar:

—¿Cuánto tiempo llevo aquí?

—Un año... Y bien. De eso quería hablarle. La constitución prohibe que nadie permanezca en prisión preventiva por más de seis meses. Pero ya, como en su caso ha pasado el tiempo reglamentario, resultaría académica cualquier acción al respecto. ¿No le parece?

—Sí, sí, entiendo. Mejor así. Hasta podrían aumentarme la pena por haber violado la constitución. Pero, dígame, ¿cuándo me condenaron?

El hombre que decía ser su abogado se metió nerviosamente el pañuelo en el bolsillo superior de la chaqueta.

—No estoy para relajitos, buen hombre. Usted sabe que aún no lo han condenado. Lo condenarán... quiero decir, lo *juzgarán* dentro de dos meses.

—¿Y de qué me condenarán?

El otro no pareció entender.

—Quiero decir, ¿de qué me juzgarán?

—¿Pero no oyó usted cuando le leyeron la acusación en el tribunal?

—¿A mí?

—¡Naturalmente! El día que le impusieron esa fianza enorme.

—¿Y era enorme la fianza?

—Hace dos semanas.

—Yo no estuve ante ningún tribunal.

—¡Pero si está en los «records»!

—No puede haber «records». Yo no tengo nombre.

El olor a alcoholado se quedó flotando en la celda. Pero el hombre ya había desaparecido.

En los dos meses antes del proceso volvió a hacerle tres visitas. Y él las gozó inmensamente. Casi tanto como las sufrió el otro. Durante una de ellas

el hombre le leyó la acusación. Era una larga lista
de leyes, artículos e incisos violados. Pero él no
entendió una jota del embrollo. Cuando le pidió al
visitante que le aclarara aquello, la confusión fue
mayor. Y se dio cuenta de que el infeliz sabía tanto
como él de lo que se le acusaba. Sólo una palabra
pareció tener sentido para ambos. Pero esa palabra, dicha por el abogado, ni siquiera aparecía en
la acusación.

Le tomó las dos primeras semanas del proceso
para ir atando cabos y tener idea del lío en que
estaba metido. En verdad fue el fiscal quien más
claridad arrojó sobre el asunto. Y eso, gracias a las
preguntas de algunos jurados.

Era obvio que los jurados estaban también en
babia. Pero unos pocos, al menos, querían dar la
impresión de que tenían conciencia de su propia
ignorancia. O quizá era simple curiosidad. Él, en el
caso de ellos, también se hubiese sentido curioso.
Aunque, como ellos, le importase un bledo hacer
justicia. La verdad es que todos los jurados tenían
cara de monos encerrados en un corralito de madera, excepto el presidente, que tenía cara de mangosta.

En la celda, el hombre le había dicho:

—Me imagino que si no pudo conseguir la fianza,
tampoco dispondrá de medios para comprar el jurado.

—Ah, ¿pero se compra?

—Sí, se compra, se compra. ¿Qué le pasa a usted? Se compra un jurado con dinero, con regalos,
con presión política, con amenazas de muerte. ¿Dis-
pone usted de alguno de esos medios?

—¿Cuánto costaría «cash»?

—Oh, eso depende.

—¿Depende?

—Depende de si quiere usted la decisión por mayoría o por unanimidad.

Y mencionó una cantidad de cinco cifras. Él lanzó un silbido de asombro.

—¿No harían una rebajita?

La pregunta indignó tanto al hombre que sacó de inmediato el pañuelo con olor a alcoholado.

—¿Cree usted que se trata de un puesto de verduras en la plaza del mercado? ¿A dónde iría a parar el prestigio del jurado si se rebajase a la indignidad del más vulgar regateo?

El se encogió de hombros.

—Olvídese, pues. Es demasiado caro. Para mí, al menos.

Leyó en los ojos del hombre una mezcla de triunfo y de infinito desprecio.

—Sólo cumplí con el deber de informarle. De todos modos era un albur. Para mí, francamente, está usted chavadito.

Durante el proceso tuvo ante sí la colección de monos en el corral de madera. Los mismos que él no había podido comprar. Era una lástima. Sobre todo por la mona gordita de la segunda fila. Le recordaba a Meche. Aunque esta otra tenía aspecto de estar más domesticada. De seguro que era una buena ama de casa. Meche, en cambio, tenía mucho mejor cuerpo.

Pero gracias a las preguntas de algunos de aquellos seres curiosos pudo ir desentrañando algo de la verdad oculta entre tanta y tan absurda palabrería. Por lo menos una cosa estaba clara: este proceso revestía carácter inusitado. En él *se estrenaba* un crimen nuevo, reluciente, recién inventado. Toda aquella alharaca tenía un solo fin: estrenar el crimen. Que era lo mismo que bautizarlo.

Y lo bautizaron entre el abogado de oficio, el fiscal con cara de perro inglés y el hombre con cara de gato en el estrado. Y ya bautizado, todo el resto de la alharaca tenía un solo objeto: darle vida legal al infante. Y el único medio de dársela era condenándolo a él y a los otros siete acusados. Y para llegar a esa cosa tan simple sudaban tanto los monos, y el perro inglés, y el hombre del alcoholado. (El flaco con cara de gato hambriento no sudaba porque el aire del abanico eléctrico le daba en la cara.)

Cuando se dio cuenta de esto empezó para él la diversión en grande. Era como seguir la parodia de un cuento policíaco en que ya se sabe quién es el culpable, dependiendo todo el interés sólo en saber *cómo* ha de probarse la culpabilidad. Lo más divertido era que aquí el culpable era él. Por eso gozaba tanto pescando eslabones. Como el que le dio el fiscal al pronunciar la palabra aquella. ¡Esa! Esa era la palabra que el abogado había usado en la celda. La que él había entendido. Claro que no habría podido dar una definición exacta como la daría el diccionario. Si es que la palabra estaba en el diccionario. Pero la entendía; la entendía bien. Era... ¿cómo decirlo? En fin, el término se refería a cualquier tipo capaz de tirarle caca a las autoridades en el poder. O de tirarle bombas, si se acababa la caca.

Ya tenía, pues, otro eslabón en la cadena. Él era «eso», pero *por asociación*. Esto último todavía estaba envuelto en nebulosa. Él era un ser libre, pero estaba asociado, es decir, atado, a un crimen. Tardó unos días aún, pero al fin vio claro. ¡En eso precisamente consistía el crimen *recién inventado:* en ser criminal siendo inocente! Y le dio entonces la razón al hombre del alcoholado al asegurar que estaba chavadito. Si a pesar de ser inocente era criminal, ni dudar que era culpable. Al menos ahora la cosa iba teniendo lógica.

Bien es verdad que las razones de su culpabilidad no le parecieron tan lógicas. Si él hubiese sido el fiscal se las habría ahorrado. Para no restar claridad al caso. ¡Imbécil!

Porque había momentos cuando gozaba tanto el juego que hasta se complacía en ponerse de parte del fiscal. Trataba entonces de ayudarle mentalmente. Intentaba hablarle con toda la fuerza de su pensamiento. Pero era inútil. El hombre con cara de perro inglés resultaba de una ridiculez exasperante. Siempre caía en el absurdo. Y a él, claro está, le daba risa.

La primera prueba de su asociación fue, según el representante del pueblo, el hecho de que en una parada del 4 de julio, frente al capitolio, no había saludado la bandera (la norteamericana quería decir el tipo, claro está), cuando la izó el presidente del tribunal supremo, mientras la banda del regimiento 65 de infantería tocaba el «star spangled banner». El fiscal dio el año exacto. No era cualquier 4 de julio. Era aquel 4 de julio que decía el fiscal. Y esta vez subieron a la silla de los testigos veinte policías, cuarenta detectives, cincuenta bomberos, sesenta legionarios, ochenta veteranos y treinta y cinco paisanos bañaditos, limpios y empleados del gobierno. Casi parecía que por el tribunal desfilaba otra parada de 4 de julio. Y toda la parada vio cómo *él se fumaba un cigarrillo* en vez de saludar la bandera.

Empezó a dar marcha atrás a la maquinita de los años. «Cuatro de julio, cuatro de julio, cuatro de julio.» ¿Cuántos cuatros de julio celebró en su vida? Pocos, ciertamente. Por ello, quizá, pudo al fin identificar el 4 de julio que obsesionaba al hombre de gesto iracundo. Era el único 4 de julio en que él se había parado frente al templete del capitolio para observar el desfile. Lo importante, sin embargo, parecía ser lo otro. ¿Se había o no se había *fumado un cigarrillo* mientras el juez del supremo izaba la bandera? Quizá se lo había fumado. Quizá no se lo había fumado. Sinceramente no lo recordaba. De una cosa estaba seguro, no obstante. Se fumase o no se fumase el cigarrillo, él no había saludado la bandera. Por una razón muy sencilla: no acostumbraba saludar cosas, aunque estuviesen en lo alto. La verdad es que tampoco era muy efusivo con las personas.

Cuando el fiscal le preguntó si la había saludado:

—No, no la saludé.

Y por la cara de satisfacción del fiscal se dio cuenta de que lo del cigarrillo (se lo fumase o no se lo fumase) no había tenido, a final de cuentas, importancia alguna.

La segunda prueba de su asociación fue el juramento. Aquí la cosa se perdía en una serie intrincada de confusiones. No sólo para él, sino también para el fiscal. En primer lugar, los testigos eran pocos. Se contradecían, además. Unos situaban el juramento en un mitin público. Otros, en una reunión secreta. Pero el juramento en sí era algo que él no acaba de aprehender. Unos citaban el texto como algo contra los enemigos de Puerto Rico. Otros, como algo más específico: contra los americanos. Otros, contra la ciudadanía americana, contra el hecho de ser americano. Todos coincidían, sin embargo, en que el juramento empezaba con las palabras: «Juro ante Dios...» Las contradicciones venían después.

A pesar de ser ésta, a todas luces, la prueba más endeble, él tuvo la impresión de que el fiscal la consideraba la más valiosa, la fundamental. Ahora la otra prueba parecía secundaria, insignificante; puro relleno. Le sorprendía, sobre todo, la seguriridad asoluta del acusador. En el caso anterior el fiscal había ocultado su insinceridad con muecas feroces y gestos iracundos. Pero ahora, sencillamente, era sincero. El hombre con cara de perro inglés creía con entera sinceridad que él había jurado. Más aún, *sabía* que él había jurado. Mientras más contradicciones vomitaban los testigos, mientras más estúpida resultaba la prueba, mientras menos podían disimular su incredulidad los monos de la jaula y más sonoramente se soplaba la nariz la mangosta con cara de presidente, más resaltaba la honrada convicción del representante del pueblo.

En la primera prueba el asunto del cigarrillo, que él había creído importante, había resultado a la postre pura filfa. Aquí también había su equivalente: *el texto* del juramento. Lo que se suponía que él hubiera jurado fue escurriéndose tan y tan al fondo de la avalancha retórica que ya nadie se ocupó de precisarlo. El texto del juramento no parecía importar. Lo importante, lo que el fiscal quería hacerle confesar, era *el hecho* de que él había jurado. En eso consistía, en última instancia y escuetamente, la cuestión planteada.

Echó a andar pacientemente la maquinita del tiempo hacia atrás. Pero esta vez, por escrupuloso, tuvo que desandar bastante. ¿Dos años? Nada. ¿Cinco años? Nada. ¿Diez años? Ni rastros del juramento. ¿Quince años? Pero... ¿es que hubo alguna vez un juramento? Descubrió miles de incidentes en esos últimos quince años. Pero no el juramento. El juramento no aparecía ni en la fecha que señalaba el acusador ni en ninguna otra cercana a ella. Ni años después, ni años atrás. Esta vez el caso se le venía abajo al fiscal. Casi sintió lástima por él.

—¿Juró usted?

—No.

—¿Hizo usted el juramento?

—No.

—¿No juró usted?

—No.

—¿Recuerda haber hecho el juramento?

—No.

—¿No hizo usted el juramento?

—No.

—¿Juró usted?

—No.

El hombre flaco del estrado apoyó la frente en el martillito y cerró los ojos. El presidente del jurado trató de ahogar un bostezo, pero no pudo. El bostezo le salió enorme. El hombre del alcoholado se echó hacia atrás en su asiento y se cubrió toda la cara con el pañuelo como si éste fuese una mortaja.

—¿Hizo usted el juramento?

—No.

—¿No juró usted?

—No.

—¿Recuerda haber jurado?

—No.

La monita de la segunda fila empezó a roncar con musicalidad de arpegio. Y él no pudo evitar que también se le cerraran los ojos. Pero siguió murmurando automáticamente la palabra clave: «No (pausa). No (pausa).» Las pausas las llenaba el fiscal con las mismas preguntas, al revés y al derecho, al derecho y al revés. La sincronización no fallaba. El ritmo era perfecto. La sala toda dormía a pierna suelta.

De pronto ocurrió lo inaudito. El fiscal rompió la sincronización.

—¿Jura usted no haber hecho el juramento *nunca* en su vida?

La rotura del ritmo fue catastrófica para la modorra plácida y dulce del tribunal. Al hombre flaco con cara de gato hambriento se le descocotó la cabeza y el mango del martillito se le metió en un ojo. El presidente del jurado se astilló un diente, el segundo incisivo superior, al cerrar la boca con golpe seco de cocodrilo goloso. La mona de la segunda fila dejó de roncar y, del susto, aguantó la respiración. El aire, encerrado así, de pronto, en su cuerpo regordete, no encontró salida lógica y se convirtió en pedito suave, pero audible. El hombre del pañuelo se fue hacia atrás en su asiento y dio, sin proponérselo, un perfecto culimelón.

También él abrió los ojos y miró al fiscal espantado. La contestación clave se le trincó en la garganta. El «no» automático se quedó sin salir.

—¿Jura usted no haber hecho el juramento nunca en su vida?

Allí estaba de nuevo la pregunta: clara, precisa, inequívoca. Todos los cuellos se alargaron expectantes. Sin embargo, él guardaba silencio. Y no sabía exactamente por qué. ¿No había echado a caminar la maquinita hasta quince años atrás? Sí. ¿Había encontrado el juramento en esos quince años? No. ¿Entonces? Pero ahora el fiscal no señalaba una fecha determinada. Ni siquiera le daba el límite razonable de cinco años de adelanto o de atraso. Ahora la pregunta era si él *nunca* había hecho el juramento. Eso incluía toda su vida. Desde el alumbramiento de su madre. Quizá más atrás: desde su embarazo. O quizá más atrás... Pero ¿sería necesario llegar a *eso?* No sabía cómo empezar, y se daba cuenta de que todos esperaban. Era preciso apresurarse.

¿Movería la maquinita del tiempo de adelante hacia atrás, o a la inversa? Como era tan escrupuloso, decidió al fin empezar a la inversa, por el instante mismo cuando su padre, sin ni siquiera sacudirse el polvo blanco de la panadería, cubrió a su madre. La maquinita empezó a moverse. Un mes de embarazo. Nada. Tres meses. Nada. Cinco meses. Nada. Nueve meses. Ah, sí...

—¡Juro por Jesucristo que nunca había visto un renacuajo tan feo!

El juramento había sido de su padre. Se refería a él, desde luego. Pero él sólo dijo:

—¡Guaaaa! —y eso no era un juramento.

Pacientemente, la maquinita seguía avanzando. Un año de vida. Nada. Tres años. Nada. Seis años. Nada.

Siete años. La maquinita empezó a dar tropezones angustiosos. Ocho años. La maquinita se paró.

Sintió sobre sí la mirada implacable del juez. Al alzar la vista notó las pupilas agrandadas por los espejuelos. Y sin saber por qué, se estremeció. Trató entonces, con mucho disimulo, de empujar la maquinita, a ver si seguía caminando. La maquinita se quedó quieta. Olvidando toda prudencia le dio tremendo golpe. La maquinita siguió tan inmóvil e impasible como si no la hubiesen tocado. Al fin se dio cuenta de que ya no sólo lo atrapaban las miradas, sino también las sonrisas. Todos los animales de la sala sonreían. Y él intuyó la trampa que le tendía alguien que no era ninguno de aquellos seres absurdos y ridículos. Sintió el dolor de la encerrona. Y comprendió que no había escape. Tenía que examinar el año octavo. ¿Por qué ése? No había por qué. Sólo un imperioso mandato de acercarse a él.

Tembloroso, casi desfalleciente, se asomó al octavo año. Al instante le abrasó el cerebro un fogonazo. Y su cuerpo inerte rodó de la silla de los testigos al estrado, y del estrado al piso duro de la sala.

Antes de hundirse por completo en el abismo, sintió el frío de la loseta en su mejilla y oyó los golpes del martillito ahogar los gritos confusos para anunciar un receso. Después, sólo fue el vacío y el sonido insistente de una campanilla de mano.

No conocía a nadie. Era el primer día y se mantenía alejado de los grupos. Sólo hacía una semana que habían llegado a la costa. El viejo trabajaba ahora en la panadería de Arecibo, tan distinta a la panadería del pueblo de la montaña. La vieja estaba buscando colocación. Traía una carta de la señora del presidente del casino de Lares garantizando su buena mano como cocinera. Aquí había que usar zapatos para venir a clase. Y los fondillos del

pantalón no podían tener remiendos. Lo del viejo
en la panadería no iba a dar para cubrir tanto gasto.
Eran cuatro en la escuela y tres barrigones. Los
barrigones tendrían que quedarse brutos. Dios muy
bien podía ayudar a la vieja a conseguir colocación
para darle un alientito al viejo en eso de los gastos.

De pronto, el sonido lo sacó de su abstracción.
La mujer grande, allá en la escalera de la fachada,
tocaba la campanilla. Era una campanilla enorme
y pesada, pero estaba bien para la fuerza que debía
tener aquel brazo. Encima de la mujer, y pegado
a la fachada, estaba el nombre de la escuela: Jefferson. La mujer, además de ser grande y gorda,
usaba espejuelos de concha. Nadie tuvo que decirle
que aquella mujer era la principal.

Pensó que debería ir derechito al salón que le
habían asignado. Pero vio que todos los grupos, en
vez de dispersarse, se aglutinaban para ir luego formando dos largas filas frente a la escalera de la
fachada. Habría que hacer lo mismo, sin duda. Se
metió en una de las filas. En seguida oyó las carcajadas, los silbidos, los aullidos ensordecedores. Se
había metido en la fila de las hembras. Sintió su-
bírsele a la cara la poca sangre que la anemia le
permitía exhibir. Se escurrió avergonzado y fue a
ocupar uno de los últimos lugares en la cola de la
otra fila. Las maestras se movieron diligentes tratando de imponer disciplina bajo la mirada inqui-
sidora de la mujer en la escalera. Al fin las dos
filas empezaron a enderezar sus chichones, a tran-
quilizar su culebreo, a silenciar sus bramidos. También él empezaba ya a sosegar el sofocón cuando
sintió que lo agarraban de un brazo y casi lo arras-
traban entre las dos filas, bajo las miradas burlo-
nas de la izquierda y de la derecha. Lo metieron
como una cuña en el cuarto puesto de la fila. Las
filas tenían que verse bonitas, creciendo de menor

a mayor para complacer la mirada exigente detrás de los espejuelos de concha.

La campanilla sonó una vez más al impulso del brazo enérgico. Las maestras se colocaron al pie de la escalera. Una muchachita rubia y bien comida salió por la puerta con un gran paño de colores, doblado cuidadosamente. La nena le entregó el paño a la principal, y la principal le entregó a la nena la campanilla enorme para que se la aguantara. A la muchachita rubia y bien comida casi se le cayeron las manos por el peso de la campanilla. La principal se acercó a un lado de la escalera y desató dos cordones gruesos que estaban amarrados a un gancho en la pared.

Él seguía muertecito de curiosidad toda aquella maniobra. Vio que los cordones iban a dar a la punta de un palo pintado de blanco que sobresalía de la fachada. Luego observó que la mujer grande amarraba el borde del paño a uno de los cordones y empezaba a halar el otro cordón. El silencio era absoluto. El paño, al subir, fue abriéndose hasta convertirse en una gran bandera. Él se sentía asombrado, casi en babia. Esto nunca se hacía en la escuelita rural de la montaña. Allí la bandera aquella no se subía a un palo. Estaba fija en la pared del salón, encima del retrato del hombre americano que nunca había dicho mentiras. Y sin saber porqué le vino a la mente la imagen de su vieja, recién llegada como él del pueblecito de Lares, enfrentándose también a estas horas a cosas nuevas y extrañas.

—Buen Dios, haz que consiga colocación hoy mismo.

Y pensó en el viejo, todito cubierto de harina, sudando la gota gorda sobre la masa enorme —tan pesada, tan difícil de estrujar— para hacerla suave y blanda, de modo que todas las mañanas aquellos seres que lo rodeaban —niños y maestras, la prin-

cipal también— comieran el pan nuestro de cada
día con el café prieto, o con la leche aguada, o con
mantequilla, o con los huevos fritos, o simplemente
a secas, tostadito y caliente, o frío ya y elástico,
o duro y desabrido, si era preciso comerlo con un
día de atraso.

También parecía dura y difícil la masa enorme
que formaba el cuerpo de la principal. Y vio, más
asombrado ahora, cómo ella se ponía la mano derecha sobre la teta izquierda, y cómo todos imita-
ban el gesto. Fue entonces que se dio exacta cuenta
de lo voluminoso que era el busto de la mujer en
la escalera. Su mano, con ser tan grande, parecía
pequeña descansando sobre la protuberancia enorme. Y su voz sonó metálica y recia diciendo algo
que parecía un rezo, pero en idioma inglés. A cada
frase hacía una pausa y todos repetían la frase
pronunciada. Y él intuyó que era necesario hacer
lo mismo. Lo decían ya claramente los ojos regañadores tras los espejuelos de concha que se habían clavado en él. Pero no entendía el significado
de todo aquello. Prefirió, pues, quedarse quieto,
aguantando la mirada tremenda, sin ponerse la
mano en su tetilla izquierda, sin fingir que pro-
nunciaba palabras que desconocía.

Vio a la principal quitarse la mano del pecho y
extenderla hacia lo alto, en dirección a la bandera.
Todos imitaron el gesto. Y terminó el rezo aquel en
idioma inglés.

Cuando se rompieron filas, él se olvidó de la ce-
remonia extraña, de la bandera grande y de la principal. Entró en el salón y, acomodándose en un
pupitre, se puso a pensar en los tres hermanitos
moquillentos que a lo mejor nunca entrarían a un
salón de clase. La vieja le decía que si él salía pronto de los estudios y pegaba a trabajar, podría ayu-
darlos. Y él estaba convencido de que así sería. No

pudo pensar más en ello porque la maestra le dijo
que fuese a la oficina de la principal.

—Se jodió bien jodío.

Oyó el murmullo de la frase al levantarse, pero
no entendió por qué la habían dicho. Le sorprendió,
sin embargo, observar caras de susto o de pena al
instante de abandonar el salón.

La oficina de la principal era demasiado grande
y demasiado blanca. El escritorio parecía pequeño
en comparación a la enorme bandera pegada a la
pared. En la pared de enfrente había seis retratos
de hombres americanos. Solamente seis. Con pelo
largo y sin bigote. En una esquina, sobre una mesa
pequeña, estaba abierta una maquinilla Remington,
como si alguien la hubiera acabado de usar.

La oficina era tan grende y tan blanca que él se
quedó parado en la puerta sin saber hacia dónde
dirigirse. La mujer de espejuelos estaba sentada al
escritorio, pero aparentemente no lo había visto en-
trar. Corregía algo con un lápiz rojo.

Después de un rato él empezó a moverse paso a
pasito hasta el centro de la estancia. Se inmovilizó
allí teniendo, a su espalda, las miradas impasibles
de los seis americanos de pelo largo, y ante sus
ojos, la gran bandera pegada a la pared. No se
atrevió a bajar la vista hasta el escritorio. El silencio había empezado a darle desasosiego y las piernas se le echaron a temblar. Recordó, entonces,
que esa mañana no había comido pan y que se
había tenido que ir a la escuela con sólo unos
traguitos de café prieto. Hizo un gran esfuerzo por
dominar el temblor de las piernas y se puso a contar las rayas en la bandera. Descubrió que eran
trece. Le pareció que la vista empezaba a nublár-
sele y sintió la necesidad de distraerse en algo a ver
si no le venía el mareo. Se puso, pues, a contar las
estrellas. Llegó hasta el número veintiocho.

—Acérquese.

La voz le dio un tremendo susto y esta vez las piernas casi se doblaron. Miró entonces a la mujer grande que ya no usaba el lápiz rojo. Y los ojos tras los espejuelos de concha le parecieron ahora peor que cuando, media hora antes, se habían clavado en él. Se acercó poquito a poco al escritorio. La mujer se iba haciendo más grande. Le dio miedo mirarla. Bajó los ojos y descubrió, al lado de unos libros, la campanilla de mano. Tenía el mango negro y el cuerpo dorado con manchas de herrumbre.

—Acérquese.

Dio tres pasos más y casi tocó el escritorio. Sobre el borde opuesto descansaba el busto monstruoso, los pezones en alto relieve, agresivos, bajo el apretado sostén.

—Esa bandera, ¿la conoce usted?

Él afirmó con la cabeza. Pero la voz de ella sonó espantosamente irritada.

—¿No tiene usted lengua?

Oyó su propia voz, débil, hablar como si repitiese una lección.

—Esa bandera es la bandera americana.

—¿Y qué más?

Él se le quedó mirando y sintió otra vez la vista a punto de mareo.

—Pues... nada más.

Los espejuelos de conchas se empañaron con un vapor de ira.

—¿Es o no es usted americano?

El vozarrón había salido esta vez como una ráfaga destructora, con violencia tal que él sintió la necesidad de retroceder un paso y de ponerse a la defensiva.

—Yo soy de Lares.

Toda la masa de carne se levantó de la silla, y el busto, terrible, brutal, tembló de indignación.

—¡Animaaal! ¿Y es que los jíbaros brutos de la montaña no son también americanos?

—Yo soy de Lares —repitió él con voz monóto-
namente terca. Y esta vez no retrocedió un paso.

El primer golpe vino de lo alto. Y él no pudo
precisar si venía de la mujer grande o de la bandera
también grande. Pero le hirió en plena cara haciéndole salir un chorrito débil de sangre aguada
y escasa. Después, fue algo de espanto; como si
cada raya de la bandera se hubiese convertido en
estaca mortal, como si cada estrella fuese ahora
una piedra homicida. La avalancha de furia le tri-
turó los huesos, le machucó la carne, le desgarró
el pellejo. Y cuando al fin lo arrojó al piso, ya él
no era más que un simple fardo de dolores agudos,
escozores, ardores; y además, humillación. Con la
mejilla pegada a la loseta fría del piso, su mirada
agónica vio el busto triunfante sobre el fondo de
la gran bandera cuyas piedras y estacas habían
vuelto a convertirse en trece rayas y muchísimas
estrellas. Fue entonces cuando se incorporó a medias y le salió la voz tan fuerte, tan fuerte, que
estremeció su pobre cuerpo dolorido.

—¡*Juro* por mi madre que no soy americano! ¡Y
juro por Dios Santo que nadie *nunca* me obligará
a serlo!

Después del juramento se hundió en un vacío
donde no había sangre, ni dolor, ni luz. Sólo el sonido metálico de una campanilla de mano.

Rechazó brutalmente a los dos hombres que le
querían obligar a beber sorbos de agua. El vaso sucio se estrelló en el piso chispeteando de agua y
vidrio las losetas negras.

—Avísale al juez que ya a éste se le pasó el be-
rrinche —dijo uno de los alguaciles.

De nuevo en la silla de los testigos, se enfrentó
al fiscal. Pero esta vez la pregunta fue sencilla:

—¿Juró usted?

Y la contestación, escueta:

—Sí, juré.

9

Sin embargo, el fiscal quiso asegurarse.

—Antes dijo que no había jurado.

—Antes no lo recordaba.

—¿Y ahora, lo recuerda?

—Sí, lo recuerdo.

—¿De modo que *hizo usted el juramento?*

—Sí, *lo hice.*

—Nada más con el acusado.

Nada más que el zumbido del abanico eléctrico. Y la histeria ocasional de la acusada de rostro lívido. Y el olor a alcoholado Superior 70. Y el absurdo de todo, que ya se iba haciendo menos absurdo, a fuerza de ser monótono.

Sólo de vez en cuando surgían chispazos originales, geniales casi, como la presentación en evidencia de los artefactos bélicos. Era obvio que no pertenecían a este tribunal. No pertenecían a este proceso, pero estaban allí, como evidencia *por asociación.* Y eso era original, genial, incluso.

No obstante, durante los últimos días, cuando en el juego aquel él supo el *cómo;* es decir, cómo el fiscal probaba la ya asegurada culpabilidad de todos los acusados, el asunto perdió interés. Sólo el zumbido del abanico eléctrico lograba ahora proporcionarle distracción.

Los golpes del martillito de madera le hicieron abrir los ojos sorprendido. Habían sido unos golpes suaves, casi acariciadores. Era el final. Y él ni siquiera había prestado atención a la sentencia. No le importaba. Pero se dio cuenta de que algo raro le estaba sucediendo. Ya no sonreía. La sala y los seres que le rodeaban habían perdido de súbito el carácter absurdo que habían tenido hasta entonces. El juez, quien abandonaba el estrado en ese instante, tenía un rostro grave y ascético. El fiscal, quien hablaba con el presidente del jurado, lucía una sonrisa ingenua, casi infantil. El abogado de oficio no tenía nada de ridículo en su dolorosa expresión de derrota. La mujer jurado de la segunda fila le miraba con ojos misericordiosos. Y él, de pronto, se sintió culpable y avergonzado.

Durante el trayecto del tribunal a la cárcel, la sensación extraña iba acentuándose. Vio frente a él, en el pequeño autobús enrejillado (o minicárcel móvil), los rostros resignados y serenos de los coacusados. Y lamentó no haberse enterado durante el proceso de por qué estaban ellos también compartiendo una suerte igual a la suya. Se preguntó si el mundo real era este nuevo que descubría ahora o el otro que había vivido desde hacía algún tiempo. Se preguntó cuáles eran los seres reales y cuáles los fantoches de un titiritero desconocido y burlón. Al detenerse el vehículo frente al muro sombrío, vio flotar la bandera grande contra un cielo azul sin nubes. Y se dio cuenta al instante de que había perdido el sentido de lo absurdo. Y sintió la terrible congoja de recobrar conciencia de todo lo que es trágico y cotidiano.

Se apeó de la jaula sobre ruedas y caminando ya entre las dos filas de guardias penales, se acercó a la puerta de la gran fachada.

La enorme puerta de hierro giró imponente y luego, silenciosa, se cerró muy despacio tras el hombre cuyo nombre, en la ficha del archivo, había tecleado la maquinilla Remington, en una oscura escuela primaria de nombre Jefferson, hacía exactamente veintiocho años.

EL NIÑO EN EL ARBOL *

(Cuento en cuatro tiempos)

> *El niño estaba en el árbol,*
> *y el árbol estaba muerto.*
>
> R. M.

1

El niño estaba en el árbol y dijo: *Odiame viento,
y azótame la cara.* Pero el viento estaba lejos, in-
flando la vela púrpura de un pescador en el mar.
Y el árbol estaba inmóvil, como si fuese de piedra.
Y el niño estaba en la rama pensando en el gato
muerto. *¿Quién mató al minino hembra? ¿Quién lo
mató?*

La mujer, con gesto fiero, se había apoyado en el
televisor. Y el hombre dijo: *Odio ese gato tanto
como te odio a ti.* El bibelot de Sajonia (aquel tro-
vador verde y rosa con un laúd en las manos) cruzó
el aire para golpear el minino. Michelín vio a la
fiera pequeña huyendo por el corredor, y el juglar
verde y rosa se hizo añicos sobre la rigurosa geome-
tría de las baldosas blancas y las baldosas negras.
El hombre subió la escalera con tal violencia que
hizo crujir el pasamanos de bronce. Y la mujer quedó como estatua, apoyada en el televisor.

---

* Segundo Premio del Cuento del Ateneo, 1956. (En este
cuento el autor basó su drama *Un niño azul posa esa sombra*, estrenado en San Juan en 1962.)

Junto al sofá estilo Imperio había un laúd roto y una cabeza sin cuerpo que conservaba, inexplicablemente, su sonrisa pequeñita de porcelana sajona. Pero Michelín ya no estaba en la sala. Y de la planta alta bajó el hombre con dos valijas de cuero, y cruzó la estancia, y salió presuroso por la puerta de postigos grandes. Y nunca más volvió. Aunque en el patio quedaba el quenepo macho, que era alto y poderoso, como el hombre, y que daba sombra. Y era un consuelo encaramarse a él. (Bajo el árbol de quenepo, con una rama tronchada, unas manecitas blancas mataron al gato hembra.)

2

El niño estaba en el árbol y dijo: *Odiame lluvia, y azótame la cara.* Pero la lluvia estaba lejos, humedeciendo la savia de un rosal de los Alpes en el jardín miserable de las monjas del Carmelo. Y el árbol estaba seco. Y el niño estaba en el árbol pensando en la estatua muerta. *¿Quién asesinó a la estatua? ¿Quién la asesinó?*

Era una mujer de lata con una antorcha en la mano. Los hombres en uniforme, *one two, one two,* marchaban hacia la estatua. Los rifles se ponían rígidos para saludar la estatua. *Present... arms!* Los niños en uniforme, *one two, one two,* con sus gorritas verdes, *one two, one two,* marchaban hacia la estatua. Las niñas en uniforme, *one two, one two,* llevaban en sus manitas, *one two, one two,* gladiolas y crisantemos. Para la estatua. Y era sólo una mujer de lata (¿apoyada en un televisor?).

Por eso cuando la luna se escapó de la avenida, el niño salió de la casa con la brocha en una mano y la pintura en la otra. (¡Nadie podía verle en la Avenida Ashford!) Con pasos muy quedos, casi de puntillas, se acercó a la estatua. Y cubrió el rostro con pintura blanca para cegarle los ojos. Y dibujó un cuchillo grande sobre el corazón, porque los cuchillos matan. Pero matar no es suficiente, hay que ultrajar también. Y pensó con gravedad, pensó, pensó... Hasta que lo supo al fin. Sobre el lugar donde la cigüeña pica, dibujó el símbolo horrible del martillo y la hoz.

Era una mujer de lata con una antorcha en la mano, y una máscara blanca, y un cuchillo en el corazón y una hoz y un martillo. Y el asesinato de la estatua estremeció a la ciudad. Y la Detective buscó al asesino, y el Ejército, *damn, damn,* y la Marina, *hell, hell,* y la Policía además. Y el periódico grande escribió un editorial contra los asesinos de la estatua, que eran enemigos de los americanos, *coke, coke,* y de la democracia, y subversivos también, y forajidos peligrosos, y vándalos, amenazando al país.

Y el niño estaba satisfecho porque él era todo aquello aunque lo ignoraran los otros. Pero estaba infinitamente triste porque, aunque el gato estaba muerto y la estatua había sido asesinada, la mujer seguía teniendo los ojos verdes. Y el hombre jamás volvió. Sólo en el patio quedaba el quenepo que no daba frutos, pero que era alto y poderoso, como el hombre, y le protegía contra unos ojos traidores, verdes como la furia del mar.

3

El niño estaba en el árbol y dijo: *Odiame árbol, y quítame la vida.* Pero el árbol estaba lejos, ofreciendo su leña seca a una viejecita en el arrabal de San Martín. Y el niño estaba en la rama y pensaba en el árbol muerto. *¿Quién mató al quenepo macho? ¿Quién lo mató?*

—El patio es demasiado grande y la casa ya muy pequeña.

Eso dijo la mujer. Aunque la casa era grande y había dos habitaciones vacías. Y el hombre jamás volvió.

Eran sólo la mujer y el niño, porque las criadas dormían fuera. ¿Cómo podía ser pequeña la casa? Pero lo dijo así. La casa era pequeña cuando venían los extraños a beber Vat 69 con soda y *champagne* de la Veuve Clicquot. Y eran muchos los extraños (más que en los tiempos en que el hombre sufría, y sonreía, y los recibía en silencio).

Sería enorme la terraza, porque eran muchos los extraños. Tendría todo el piso de mármol importado de Virginia. Y en una esquina, la barra con luces de neón. (El *bar* quedaría precisamente allí, donde estaba ahora el quenepo inútil.)

Era trabajoso cortar vivo el quenepo. ¿Por qué no matarlo entonces? Después de todo, el mármol de Virginia tardaría meses en llegar. Y los hombrecitos tajearon las raíces, hirieron el tronco, y escarbaron al pie. Y la mujer fue vertiendo el veneno en las raíces heridas, y en el tronco, y en la tierra. El veneno azul fluía, de la botella, en las manos blancas, al árbol silencioso. Y el niño sintió un odio tal que la palabra estuvo a punto de acudirle a la boca (la que el hombre un día le dijera a la mujer en el cuarto de vestir). Pero el niño no tenía el valor del hombre. Y sus labios sólo se atrevieron a esbozar la p. ¿Sería el dolor del niño tan recio como el dolor del hombre? Sus ojos permanecieron muy abiertos y fijos: en la botella había quedado un poco del veneno azul.

4

El niño estaba en el árbol y dijo: *Amame, Dios. Ama mucho a Michelín.* Pero Dios estaba lejos, tomando entre sus manos el alma de un pordiosero.

Y el árbol estaba ausente como el hombre que no volvió. Y el niño estaba en la rama pensando en el niño muerto. *¿Quién mató a Michelín? ¿Quién lo mató?*

En la terraza el bullicio se hacía ensordecedor. La terraza tenía el piso de mármol. Y en una esquina, el *bar* tenía las luces verdes. (Allí donde una vez, sin luz, estuvo el quenepo macho.) Pero no eran los extraños grandes esta vez, sino niños rubios, y los morenos, con regalos para él. Y en vez del sifón de soda y las botellas de *champagne* había un bizcocho enorme con velitas azules. (Y el veneno de la botella había sido también azul.) Y la mujer gritó: *Michelín. Ven a partir el bizcocho. Veeen...*

Y el niño en el árbol sonreía. Porque ya se estaba poniendo azul. Y la mujer prendió las velitas. Y gritó: *No te escondas, Michelín. Ven a cortar el bizcocho.*

Y en el árbol el niño sonreía, porque experimentaba ahora lo que el hombre había experimentado cuando le abrasaron la savia. Y un árbol que matan (como un niño en la rama) no puede soplar las velas de su propio bizcocho mientras los ojos sean verdes, y el hombre no vuelva nunca, y el quenepo haya muerto, y Dios esté allá tan lejos, sin oír la voz que clama, desde un árbol que ya no existe: *¡Sopla tú, Dios, las velitas! ¡Y perdona a Michelíin...!*

EL DELATOR *

Y había uno siempre nacido para el odio,
y el rencor era su pan,
y el dolor de los otros era sangre de su espíritu,
pues había nacido para odiar.

EL NUEVO CAÍN

Observó la imagen del otro reflejada en el espejo.
Se había vuelto a medias hacia su derecha y hablaba
con la mujer mulata. Ella sonreía, enmarcando su
rostro oscuro en las dos palmas abiertas, los codos
apoyados en la barra, frente al vaso de cerveza cuya
espuma empezaba a languidecer. De pronto, la mujer rompió a reír a carcajadas, echando el torso
hacia atrás, la mano derecha sobre el busto opulen-
to, oprimiéndolo; los dientes blanquísimos, desnudos
y húmedos, lanzando extraños reflejos bajo la luz
rojiza de neón. El otro rió calladamente, complacido
por la reacción de la mujer a su recién expresado
humor. Tomó el vaso de ron con soda y humedeció
en él sus labios fruncidos por el esfuerzo de dominar
la risa.
Él los observaba a través del espejo, envueltos
ambos en la atmósfera de humo de cigarrillo y luz
de neón, como si una gasa roja los envolviera, o
como si esa gasa cubriera al menos la superficie
pulida de la luna, opacándola un tanto, mientras sus
ojos escrutadores —prestos a cambiar la mirada al

* Tercer Premio del Cuento del Ateneo Puertorriqueño,
1959.

menor gesto de ellos— seguían captando, fotográficamente, los más pueriles detalles.

—*¿Has averiguado algo?*

—*Todavía no.*

—*Estás perdiendo el olfato.*

—*Déme tiempo, sargento. Es un caso difícil.*

El pedazo de bayeta azul en la mano huesosa del mozo de la barra se movió repetidamente sobre la superficie verde de formica. Percibió el movimiento dentro de su radio visual, pero no distrajo el foco de su atención de la pareja. Le irritaba, inexplicablemente, la expresión serena del otro.

—*¿Qué hay de difícil en el caso?*

—*Nos conocemos bien, sargento. ¿O no? Usted sólo me ocupa cuando sus hombres han fallado.*

En este instante le molestaba la risa de la mujer, no por la risa en sí, sino por la complacencia que aquella risa provocaba en el rostro del otro. Se veía tranquilo, casi feliz en su despreocupado ademán de llevar el ron con soda a sus labios, mientras él acá se consumía en la frustración de no haber obtenido nada en sus dos meses de asedio. Y empezó a sentir esa rabia impotente que iba convirtiéndose en algo peor y que él conocía bien, algo abrasador que le subía desde los pies hasta el pecho escuálido y que era un hálito de destrucción amenazándole a él, pero que él, de algún modo diabólicamente inevitable, encauzaba hacia los otros. En efecto, allí estaba. El sabor familiar e inconfundible del odio.

Se sintió mejor ahora, seguro, con una seguridad que no experimentaba de ordinario y pensó que sintiendo así —ese correr rabioso de la sangre bajo la piel caliente, ese golpetear del corazón, no sólo en el pecho, sino también en las sienes, esa crispación involuntaria de los músculos en sus quijadas, en sus manos, en sus dedos como garfios— podría cumplir a cabalidad su misión. Porque así, bajo la tensión del odio, se abrían sus sentidos como radares múl-

tiples para captar hasta las más recónditas ondas
en el alma replegada de su presa.

—Un ron con soda. Y otra cerveza.

Al hacer el pedido, los ojos del otro tropezaron
con los suyos. Él sintió la mirada fría, casi dura y
hostil, pero se dejó penetrar por ella, sin oponer
resistencia, haciéndose todo él blando y dúctil, dul-
cificando con rapidez relampagueante la expresión
de sus facciones, los ojos ingenuamente abiertos,
una sonrisa amplia, fácil, iluminando paulatinamente
el rostro, mientras la mano derecha, en ademán cordial, saludaba a la imagen dura y fría que reflejaba
el espejo. El otro apenas si esbozó una respuesta
a su saludo con leve movimiento de cabeza, pero él
ignoró el hecho y, tomando el vaso de ginebra que
tenía ante sí, se levantó y se acercó a la pareja.

Palmeó jovialmente la espalda del hombre y extendió la diestra en gesto franco, que intentaba
desarmar todo recelo, o duda, o resistencia.

—¡Hola! ¡Tantos días sin verlo!

El otro miró la mano extendida. Y dudó unos
segundos. Al fin la estrechó con rapidez. Luego dio
media vuelta en el taburete. Aparentemente para
enfrentarse mejor a él, pero en realidad —lo percibió en seguida— para forzarle a quitar el brazo izquierdo que con gesto de íntima familiaridad había
dejado sobre su espalda.

—Ya veo que está en buena compañía.

La mujer sonrió, más a su guiño que a sus palabras. Luego miró al otro con expresión interrogante.
Al fin se decidió a sorber la cerveza, esquivando toda
posibilidad de intervención en el diálogo.

Hubo una pausa incómoda, embarazosa casi. El
hombre le observaba. Sólo eso: le observaba.

—*Tenemos motivos para creer que pertenece a
un grupo que conspira contra el gobierno.*

La impavidez silenciosa del hombre le producía
malestar. Sintió la urgencia de golpear aquel silen-

cio. Porque el silencio podía convertirse en un arma en su contra. Rompió a hablar, a hablar con premura sobre tópicos del día, temas heterogéneos, hilvanados aquí y allá con preguntas que buscaban la expresión solidaria del otro (o con la insinuación de una solidaridad que el otro, obstinadamente, se abstenía de expresar).

Calló de pronto. Una corriente helada le subió por la espalda, paralizándolo. No fue tanto el inesperado peso de la mano en su hombro como la voz, que reconoció al instante, al decir:

—Con permiso.

El negro estaba allí, pero no le miraba a él, sino al otro. Vio cómo las dos manos se estrechaban: una oscura, carnosa, enorme; la otra blanca, fina, nervuda. Y oyó las voces, también en contraste (la del negro, gutural, alterada, quizá hasta temblorosa al enunciar las palabras):

—Quería decirte que mi hermano Pedro está en la cárcel.

Y la voz del otro, pausada, con inflexiones moduladas, a pesar del tono de sorpresa:

—Lo lamento. Nada grave, supongo.

—Violación a la ley de drogas. Una chota hizo el trabajo. Sólo quería decírtelo. Sé bien que él te aprecia.

—Yo a él también. Fuimos condiscípulos. ¿Hay algo que yo pueda hacer?

—Podrías ir a verlo. Se sentiría mejor. Quiero decir, se alegraría.

—Iré, desde luego.

—Gracias.

El negro se volvió y acercóse a tres hombres que habían permanecido a corta distancia de la barra. Él vio que uno de ellos era rubio y tenía una absurda camiseta color naranja. Los cuatro se alejaron sin prisa y fueron a sentarse en una mesa, junto al gramófono automático.

Permaneció inmóvil, paralizado por aquella sensación de miedo que experimentó desde que oyera la voz por vez primera. El negro en ningún momento le había mirado. Aunque su instinto le decía que aquel diálogo sostenido con el otro iba, de algún modo, dirigido a él. Tuvo deseos de huir, pero observó el vaso en su mano. Pensó que no había pagado y que su ademán de huida podría, precisamente, provocar la atención de los otros. Su mirada volvióse hacia la pareja y hubo en su gesto, a pesar suyo, algo de imploración. Pero ambos le daban la espalda. Dudó unos segundos. Se acercó al fin tratando, desesperadamente, de sacar a flote su sonrisa más fácil.

—Pago un trago.

—No, gracias —sonó con sequedad la voz del otro.

Él sintió la zozobra de su desamparo. Una angustia pavorosa le iba invediendo el alma. Una soledad súbita, tangible casi, fue asediando su ser, envolviéndolo todo, sofocándolo. Las espaldas de la pareja crecían ahora monstruosamente convirtiéndase en gigantesco muro impenetrable.

La voz al fin le salió tímida, pequeña, ahogada.

—Los veré luego.

La mujer se volvió a medias, sin sonreír siquiera. El otro permaneció inmóvil. Él se dirigió a su asiento, no sin antes echar una ojeada a los cuatro hombres en la mesa.

Al sentarse, notó, a través del espejo, cómo le observaban. Fingió no verlos y sorbió lentamente el resto de la ginebra en su vaso. El negro se levantó y echó una moneda en el gramófono automático. El vientre de la máquina iluminóse como por magia. Y magia en el espejo fue la absurda fantasía policroma. El chillido del cornetín preludió un *rock'n roll*. El negro volvió a sentarse. Protegidas por la cortina de ruidos, las cuatro cabezas se inclinaron sobre la mesa. El rubio de camiseta color naranja hablaba ahora, articulando cautelosamente cada palabra. Los otros escuchaban.

Él juzgó el momento adecuado. Hizo una seña al mozo de la barra. Iba ya a pedir la cuenta, cuando vio en el espejo los ojos del negro fijos en su nuca. Más acá de la luna fría, el rostro amarillo y huesudo esperaba la orden. Su mirada se escurrió hasta el teléfono, que descansaba inerte sobre el aparador del fondo, entre una botella de anís y otra de *whisky*. Miró al mozo. Comprendió que era absurdo, pero trató, angustiosamente, de comunicarle, en silencio, su desesperación. Sus ojos fueron, una y otra vez, del teléfono negro al rostro amarillento. El mozo le observaba impasible. La impasibilidad de aquel rostro era idéntica a la del artefacto mecánico. Y a través del espejo, los ojos del negro en su nuca, fijos, implacables.

—Dame lo mismo —ordenó débilmente. Y sintió ya un desgajamiento total.

Oyó entonces la risa de la mulata. Sobresaltado, miró a la pareja. Estaban enfrascados en animada charla, ignorando su presencia. Detrás de ellos, la puerta abierta al mundo de la calle. *Podrían irse, si quisieran.* No lo dijo. Lo pensó tan sólo. Y al torbellino confuso de sus sensaciones uníóse ahora un punzante sentimiento de envidia. De haber conseguido en los dos últimos meses alguna base para la delación, el otro no estaría allí, libre para salir a la calle a través de la puerta abierta, libre, en fin, para hacer lo que a él, en ese instante, le estaba vedado, irremediablemente.

—Su ginebra. —La voz del mozo le volvió a la realidad amenazadora de la barra.

Vio ante sí la bebida fragante y diáfana. Alzó el vaso. Al acercarlo a sus labios, experimentó un estremecimiento de terror. La mirada del negro, en el espejo, estaba fija, no ya en su nuca, sino en sus propios ojos. Calló la música en el gramófono. Si-

multáneamente, se apagó al arcoiris en el vientre
del monstruo. Un súbito silencio floreció en todo el
recinto iluminado por el neón color sangre. El rubio
y los otros dos hombres se volvieron lentamente:
clavaban también en él sus miradas a través del
espejo.

No había odio ya, sino miedo, un miedo físico,
animal, que enfriaba su corazón y hacía temblar todas las fibras de su cuerpo. Su mano, incapaz de
sostener el vaso, bajó lentamente, pero el vaso se
escapó de sus dedos, el líquido derramándose sobre
la superficie pulida de la barra. Vio el vaso rodar
como un tonel diminuto hasta llegar al borde, y allí
vacilar, para luego caer desapareciendo de su vista.
Sonó pavoroso el estampido del vidrio haciéndose
añicos sobre el piso de losetas. Los cubitos de hielo,
a medio derretir, bailaban sus destellos rojos, verdes, amarillos, sobre la reluciente formica.

Fue entonces cuando sintió un retortijón agudo
destrozándole el vientre. El deseo urgente, vital, resultó más poderoso que su terrible miedo. Se puso
de pie, volviéndose. El silencio lo nublaba todo, o
quizá era el sudor que resbalaba a chorros por su
frente. No vio nada, excepto un vacío rojizo y allá,
de modo confuso, emergiendo de esa nada, el aviso
distorsionado —como algo fuera de foco— que representaba —presumiblemente representaba— una
flecha.

A pesar de que el mundo de afuera era confuso
—sus sentidos embotados a la percepción de ese
mundo vagoroso— había dentro de sí algo lúcido que
le permitía percibir una realidad perturbadora: la
situación no era nueva, ni sorprendente siquiera, sino
la repetición de algo ya fatal en su vida, que surgía
cíclicamente desde remotos tiempos, y que quizá
fuese más allá de su vida, antes de él nacer o de nacer los que le dieron vida, en oscuros milenios del
pasado donde se originarían las raices cainescas que

10

en lo oscuro del ser lleva en sí todo hombre, pero que él sólo podía identificar en algunos instantes vividos por él mismo, su voz sonando siempre acusadora: *Papi, ven; mami está allí, hablando con un hombre,* o lejos del hogar, en el bullicio alegre de la escuela, *Tícher, tícher, Juanito escribió porquerías en el baño,* o más acá en el tiempo, bajo la disciplina férrea que impusieran los que fomentaron su odio con la guerra, *Lieutenant, they are playing cards in that lent,* hasta llegar a la plena adultez, *Se lo advierto, jefe. Samuel Vázquez habla mal del Director,* siempre igual, repitiéndose la eterna delación bajo formas distintas, *Sí, sargento. Yo le oí gritar: ¡libertad o muerte!,* repitiéndose, una y otra vez, *Confidencia, cabo: Guarda la droga blanca en la cisterna,* sin poder evitarlo, repitiéndose el hecho, fenómeno sempiterno contra el cual intentó luchar en ocasiones lejanas, pero que ya aceptaba como parte de su naturaleza, algo que sucedería siempre, convirtiendo, dolorosamente, su fatalidad en rutina o que los otros convertían en profesión del infierno.

Avanzó a tientas, la mano izquierda amansando el retortijón en su vientre, la derecha manoteando al aire —intentando despejar con ella la niebla roja que inundaba al mundo. Llegó al fin a la zona señalada por la flecha, donde desaparecía lo rojo. Su mano tropezó con algo recio, duro. Intentó, inútilmente, apartar el obstáculo en su camino, sus ojos escrutando esa noche tan densa del abismo. Todo era allí negro. ¿Todo? Desde el fondo más negro del infierno, surgían unos ojos de órbitas enormes, inmaculadamente blancas. Hizo un movimiento desesperado por volver sobre sus pasos, pero sintió una garra que le asía el cuello y luego un puño de hierro que caía como maza sobre su pómulo derecho. Lanzó el primer alarido de dolor. Vertiginosamente, sucediéronse golpes y gritos, su voz convirtiéndose, extraña y paulatinamente, en algo ronco e infrahumano, porque ya no articulaba gritos, sino mugidos de res herida en las entrañas.

Hubiera deseado tirarse al piso, pero la garra mantenía su cuerpo erguido mientras el puño castigaba sin cesar su rostro y su cabeza. No intentaba defenderse. Y ésa era precisamente su defensa. Resistir podría significar la muerte. Permanecía inerme recibiendo el castigo, consciente de que así se desvanecería más rápidamente la rabia vengadora de que era objeto. Al principio había gritado de dolor y espanto, pero ya no sentía lo uno ni lo otro. Y, sin embargo, mugía sin cesar, quizá porque esa humillante manifestación de cobardía podría darle gusto al negro enfurecido, aminorando de ese modo su saña (o por la posibilidad de atraer con su voz la ronda policíaca).

De pronto, sintió que la mano brutal soltaba su agarre y su cuerpo desplomóse sobre el piso. Quedóse inmóvil, gimiendo en ritmo plañidero. Y oyó la voz apretada escupir el insulto:

—¡Chota!

Los pies del negro se alejaron en dirección al arco que separaba el salón iluminado del pasillo en sombras. Allí, en el umbral del arco, se destacaban las siluetas del rubio y de los otros dos hombres, espectadores mudos obstruyendo la luz.

Pensó que todo había concluido. Pero desde su posición —el rostro pegado al piso maloliente— pudo ver que el rubio le alargaba al negro una antena de auto. Creyó morir, presa de nuevo espanto. *¡Dios mío, que no lo haga!*

El negro miró al arma homicida, y vaciló.

—Recuerda a tu hermano —dijo el rubio. Y su voz sonó como trompeta ensordecedora de un ángel vengador.

El negro empuñó la antena y volvió sobre sus pasos.

—¡No lo hagas, por Dios! ¡Por tu madrecita, no lo hagas! —gritó él, desesperado.

Hubo un poderoso centelleo metálico y la varilla de acero, recubierta de cromio, fue a hundirse en su hombro, abriendo horriblemente los tejidos. Aulló su espantoso dolor revolcándose, retorciéndose como un poseso. La sangre surgió a borbotones manchando la camisa, oscureciendo el piso.

—¡Chota! —oyó una vez más desde su dolor sin tregua.

Los pasos se alejaron. Quedó gimiendo, casi inconsciente. Cuando al fin abrió los ojos, vio el arco vacío. Allá, en el salón, sólo quedaban el hombre y la mulata que juntos se alejaban de la barra. Miró a la figura del hombre en el instante mismo de salir a la calle. Un odio frío le subió a los ojos. No pudo evitarlo. Lo que siempre permanecía lúcido dentro de sí, razonó: *No te me escaparás. A ti también voy a delatarte.* Y su conciencia rumió el pensamiento, redondeándolo: *Tarde o temprano, voy a delatarte.*

Sintió pasos que se acercaban. Sangrante y dolorido, trató de incorporarse. *Vienen a echarme.* Intentó de nuevo, pero no pudo. Pensó que de todos modos el mozo de la barra se tomaría la molestia de arrastrarle hasta la calle. Y experimentó de súbito una extraña sensación de bienestar. Nada importaba ya. Nada. Excepto la consoladora perspectiva de una nueva delación. Dejó caer el rostro sobre el piso duro y frío, y cerró los ojos. Desde las raíces milenarias de su odio, los labios, deformados por los golpes, esbozaron una mueca (fruncimiento más bien, o pliegue tenue) que quizá pudo ser —o era en verdad— una sonrisa.

LA SALA *

Between the conception
And the creation
Between the emotion
And the response
Falls the Shadow:
Life is very long.

T. S. ELIOT, *The Hollow Men.*

I

Cerró los ojos y oyó, bajo la sombra de sus párpados, el rítmico chirriar del sillón. Parecía imposible sentirlo así de nuevo, tan familiar y próximo, tan íntimo y feliz, o lejano y extraño, en el sonido y el tiempo, o desdichado, pero allí. Junto a ella, meciéndose. Y el hijo estudiando sus lecciones en la mesa pequeña. Y ella, sentada en la butaca azul. Como antes. Pero no igual. Porque ésta no era la sala de la casita alegre, con jardín y terraza, sino la estancia oscura de un piso feo y húmedo en el viejo San Juan.

Entonces ella cosía o bordaba mientras él dormía al niño al vaivén del sillón. No que fuese tan pequeño el niño como para dormirse en sus brazos. Pero era un juego inocente seguir la vieja costumbre: hablar quedamente en la sala sin oponerse al tiempo —aceptándolo, sumergiéndose en él— mientras Manuel se

* Primer Premio de Cuento del Ateneo, 1958.

hacía un ovillo, *busca el sueño, nene, búscalo*, en los brazos del padre.

¡Dios mío, dale valor! El llamado angustioso jamás se le habría ocurrido diez años atrás.

—¿Duermes, Mercedes?

Abrió los ojos sobresaltada.

—No. —Y trató de sonreír—. ¿Deseas algo?

—No, gracias. —También él había intentado sonreír.

El hijo levantó a medias la cabeza del cuaderno de notas, sin volver el rostro hacia ellos, sin sonreír, sin intentarlo siquiera. Como tres extraños entre sí. Deseando angustiosamente no serlo, agonizando por volver a una familiaridad remota, a un tiempo en que no era preciso sonreír forzadamente, o escurrir la mirada o sentir el embarazo de un gesto, de un movimiento, cualquiera que éste fuese; cuando los pensamientos eran pájaros inocentes y libres, no sombras agazapadas en la prisión de sus conciencias; deseando liberar las sombras, esforzándose desesperadamente por no luchar contra el tiempo de un modo tan cruel.

—*Diez años pasan pronto, Mercedes.*

—*Lo sé, Leandro. ¡Qué pueden ser diez años en nuestras vidas!*

Y tras de él cerróse la puerta de hierro para dar paso a la eternidad de diez años, del hijo pequeño, del desamparo y la desolación. Y de los esfuerzos por proseguir la vida, y las puertas cerradas (como si la de hierro al cerrarse diera la señal a todas las puertas del mundo: *Ciérrense, puertas, ciérrense bien*), y las frases hirientes, *... la mujer de ese hombre...*, y las miradas cruzadas, y los gestos sorprendidos, y el temor de los otros, o el espanto, o quizá sólo el recelo (el sobresalto), como si llevase con ella el germen de la destrucción.

Pero la destrucción estaba en los otros: en la escuela del niño, *¿Verdad, mamita, que papi no es un* *traidor?;* en el trabajo, tan penosamente logrado, tan fácilmente perdido, *Nos compromete, señora;* en la amistad que se esfuma, *No vengas más, por favor;* en la proposición que deshonra, *Si firma usted este documento...;* y así en todo, dolorosamente, en toda la maquinaria de aquel mundo empeñado en destruir lo más caro e íntimo de un hombre, un niño y una mujer.

Y hasta en el tiempo. Porque en lo más íntimo del alma el tiempo no transcurre en términos de días, o de meses, o de años, sino en lapsos que ningún calendario previó. El tiempo perezoso apenas si transcurre, regodeándose en el alma, pidiendo que lo acunen, como a un niño mimoso (cuando todo lo que el alma quiere es expulsarlo, para que cumpla su fin), solidificándose casi, petrificado ya, como piedra geológica, enorme, que el alma no podrá expulsar.

—*Si papi está equivocado, ¿quién tiene la razón?*
—*Cada cual tiene la razón a su modo, Manuel.*

La razón de firmar endosos al gobernante para borrar en parte la mancha de la subversión, y destruir los símbolos venerados, y quemar los libros más amados, y ocultarle al hijo los poemas del hombre en prisión. Y repetir sin convicción alguna, con desgano y pereza (como el tiempo en el alma): *Sé un buen ciudadano, hijo. Sé un buen ciudadano,* no sabiendo con exactitud lo que con ello se expresa, ni importándole mucho, además.

—¿Necesitas ayuda, Manuel?

La voz del hombre sonó extrañamente desolada en la estancia, sobresaltándola. Vio la expresión confusa del hijo y quiso ayudar a ambos con alguna frase de estímulo, una frase familiar que sirviese de lazo para unir presente y pasado (y futuro, quizá). Pero no la encontró.

—Gracias, papá. Son problemas de álgebra. **Muy** fáciles.

Y ella oyó la voz del hombre tratando —¡tan inútilmente!— de ser consecuente, ligera, y hasta jocosa
también.

—Nunca fueron mi fuerte las matemáticas.

Hubo un largo silencio. En la calle sonó el claxon
de un auto y la interjección en inglés de un marino
borracho.

—Voy a preparar café. ¿Quieres un poco?

Oyó ahora, de nuevo, el chirrido de la mecedora.

—Café, no. Un vaso de leche, si no te molesta.

—No es molestia. Volveré en seguida. —Y aban-
donó la sala sonriendo, sonriendo siempre, con la
piedra del tiempo pesándole sobre el corazón.

II

La sala era baja de techo, y pequeña, pero a él le
parecía espaciosa, quizá por la escasez de muebles
o por su aún viva impresión de la celda, tan horriblemente estrecha, aunque luego no tanto como el
primer año, pues la celda crecía con el tiempo, y ya
en el año décimo le era posible dar diez pasos a lo
largo del recinto en vez de los cuatro que daba
cuando entró en ella por primera vez. ¡Diez pasos
nada menos! (Exactamente diez.)

—Diez años pasan pronto, Mercedes.

—Lo sé, Leandro. ¡Qué pueden ser diez años en
nuestras vidas!

Qué pueden ser sino toda una vida, o más, porque
se incluye también la vida ya vivida y la que está
por vivirse, en esperanza o temor, o frustración o
espanto. Y no sólo la propia, sino la vida de ella y la
del hijo, en la estrechez de la celda, o en la inmensidad del corazón, o en la angustia sombría del pensamiento.

—¿No me trajiste al nene hoy?

—No pude.

—¿*Por qué? ¿No es hoy su día libre?*
—*Está malito el nene.*

¡Pobrecito! Malito en su día libre. Con lo mucho
que cuesta la libertad, y lo mucho que duele no
tenerla, y lo mucho que se arriesga defenderla, y lo
poco que la aprecian los hombres sin espíritu, que
son la mayoría, los que proclaman la igualdad del
hombre y matan su libertad. ¡Pobrecito! Malito en
su día libre. Cuando aún el pueblo no lo es, porque
la libertad no la piden los pueblos, sino los hombres,
aunque no tengan su día libre, ni muchos días, sino
diez años en prisión.

—*Te lo prevengo, Leandro. Allá afuera, en el mun-*
do, han cambiado mucho las cosas.

Pero las cosas no cambian. Acaso los hombres,
pero las cosas no. Porque un hijo crece y cambia, y
una mujer envejece y cambia, y una cosa no. Y uno
lo siente, muy hondo, la inmutabilidad de las cosas
y los cambios sutiles de los seres, que se deterioran
y cambian, que se hacen masa blanda bajo los
porrazos del panadero ése que es el mundo de afuera, que son ya incapaces de mirar a los ojos —sostener la verdad de unos ojos— parque hay en el
fondo de sus pupilas, ahora, una levadura que no es
la del ácimo del Libro Levítico que escribió Moisés.

Vio al hijo cerrar el cuaderno de notas y, sin
darse cuenta, dejó de mecerse. Se hizo un súbito silencio.

—¿Concluíste ya?
—Sí, papá.

El silencio lo había sobresaltado, antes que la voz,
y él lo veía (su hijo, su hijo), mirándole de frente
por primera vez. Con aquella súplica a flor de sus
pupilas, *No hablemos, papá. Es mejor que no ha-*
blemos.

Pero no hablar es ya una costumbre. No es fácil
convertir en sonido los pensamientos propios cuando hay diez años de silencio —o de casi silencio—

envolviéndolo todo: la luz matinal y la medianoche,
la soledad, el cuerpo, la ventana y la puerta, los pasos, las manos y el rayo de luna, y las horas —sesenta minutos en cada hora larga, o ciento veinte, o
cuatrocientos mil— y el olor a humedad y a sábanas
sudadas, y el frío y el calor, y el lagarto en el piso,
y el vaso de agua, y la mosca verde, y los ojos, todo,
en fin; calado hasta los huesos de silencio; las palabras circulándole en el alma, sin salida; prisioneras
del tiempo, sin espacio.

—Te pareces a tu madre —esperando inútilmente
la sonrisa del hijo.

—Dicen que me parezco a ti.

¿Cuándo? ¿Cuando hablaba en la cátedra de valo-
res eternos y al pueblo decía: ¡Libertad!, y escuchaban ávidos los adolescentes y aplaudían los hombres,
y las mujeres gritaban fervorosas: *¡Que te bendiga
Dios!*, y sonreían los niños, y la bandera flotaba a la
noche sin estrellas, y su corazón era una brasa que
encendía sus palabras todas, su voz? ¿Al de entonces
se parecía aquel niño? ¿O al de ahora? ¿Y cómo era
el de ahora? ¿Tendría aquella horrible mirada enve-
jecida? ¿Tendría esos labios herméticos, tan firmes,
tan llenos de rencor? Pero no. Sentía temblar los
suyos...

—Hemos de conocernos, Manuel.

—Habrá tiempo, papá.

No. No lo habría. Jamás hay tiempo para conocer
a un hombre. *Cada minuto cuenta, hijo mío.* Pero
hay que dejar pasar el minuto, dejar que el tiempo
se escape, porque el tiempo es libre y no conoce la
esclavitud del hombre, ni la vejez del niño, ni la
impotencia de Dios.

—Aquí está. La traje helada. —Y hubo, de pronto,
un trémolo de indecisión en la voz—. No recuerdo
si te gusta así.

III

Vio a la madre ante el sillón inmóvil, sosteniendo el platillo, el traje de seda artificial, tan nuevo, el cabello tan cuidadosamente peinado, ocultando a medias, para el recién llegado, los mechones color de espuma, los más tristes mechones. *Es mi padre. Él es mi padre.* Y es preciso repetirlo tanto, mil veces quizá, porque la realidad se escapa siempre, y hay que apresarla, violentarla, para que se entregue toda y no se finja sueño, o quimera, o ardid de un mago infernal. *Ya es hora de dormir, Manuel.* Y al vaivén de la mecedora que cruje habla la voz de cosas remotas mientras la madre borda, o cose, o teje, y la araña de cristal de roca va y viene en el techo, va y viene, la conciencia perdiéndose en la caricia tibia de la voz, sumergiéndose el cuerpo en una dulzura de espacios acolchados, muelles, limitado el mundo por brazos que protegen, y el vaivén hipnotizante del sillón, y el chirrido monótono del sillón, y la figura borrosa de la madre que borda y teje y se esfuma, entrando todo él, sin ruido, en la muerte feliz del sueño. Allí, en la sala.

—*No está en la sala, Manuel. Se lo llevaron preso.*

Y hay que averiguar, saber, lo que quiere decir eso. Y cuando se sabe, intentar el desafío al mundo.

—*¡Yo también quiero estar preso!*

Pero un niño no puede estar preso, las leyes lo prohiben, sólo le permiten fabricarse prisiones en el alma. Los héroes, los patriotas, ellos sí.

—*Dile a papá que yo seré patriota.*

Pero tampoco. Ya no hay héroes, ni existen los patriotas. Lo dicen en la escuela. Y un niño aprende pronto. Las cárceles se hicieron para otros.

—*¡Papá no es asesino!*

—*¡Un subversivo es!*

Y todo es obsoleto: los cuentos de los héroes, la

sangre en holocausto, el sillón en la sala, la libertad de un pueblo, el corazón de un hombre, y el vaivén de la araña allá en el techo, y la voz que musita cosas de maravilla: episodios de mártires, de mujeres que bordan banderas tricolores, de sueños realizados y de libertadores. Son cosas para niños que no han ido a la escuela, mentira azul pálido para niños muy bobos que no saben de ciencia (los mismos que permiten que sus papás los duerman, mientras la madre teje).

—*¿Está ya el almuerzo, mami?*

—*Hoy no hay almuerzo, hijito.*

Hondo duele la tripa, y es preciso mudarse. *¿Otra mudanza ya? ¡Qué estrechez la del mundo!*, y todo, todo se achica. Y en prisión hay un hombre que es culpable de todo. *Es mi padre. Es mi padre.* (Hay que repetirlo mucho, porque uno se olvida. O no siente nada, que es igual.)

—*Mami, voy a trabajar en un restaurante los sábados.*

Y trabaja la madre, y el hijo trabaja, y el país progresa, *la tripita llena, la tripita canta*, y la gente danza, y la gente ríe.

—*¿Por qué lloras, mami?*

—*La vida es tan larga.*

—*Yo seré un gran técnico. Y tendré dinero.*

—*Pero tu padre, hijo. Él quería...*

—*Voy al cine, mami. Hablaremos luego.*

a más *2a* es igual a *12.* ¿Cuánto es el valor de *a*? Si la ecuación de la vida fuese tan sumamente simple.

—¿Necesitas ayuda, Manuel?

—Gracias, papá. Son problemas de álgebra. Muy fáciles...

IV

Tomó el vaso vacío de las manos del hombre —tan pálidas y flacas, tan extrañas ahora— y fue a dejarlo

sobre una mesita baja. Luego volvió a sentarse en la
butaca azul. Esperó. Hubo otro silencio largo que
rompió al fin el chirriar del sillón. Sintió, por debajo
del chirrido rítmico, aquel silencio henchido de gritos y palabras. Pero sus labios, como los de ellos,
permanecían herméticos. Y las miradas de angustia
seguían empeñadas en no chocar. Y las sombras de
los muebles —la polilla en sus entrañas— se alarga-
ban quietamente sobre el piso sin alfombra.

—Es tarde ya.

—Sí, es tarde.

Con qué facilidad se agotan las palabras. Y cuánto
desamparo en los silencios que nada tienen que expresar.

—Manuel debe acostarse.

—Es cierto. Manuel, cuando tú quieras.

—Buenas noches, papá.

Se alejaron los pasos. Y en la noche se cerró una
puerta.

V

Contuvo su sobresalto apenas. Siempre lo sobre-
saltaba el sonido de una puerta que se cierra. Aunque
ésta era, en cierto modo, más definitiva que las otras.
(Quizá porque la había cerrado aquel ser que era su
hijo.) Y la sala le pareció inmensa. Y no vio esperanza a su desolación. Y supo que el silencio era una
barrera imposible de romper.

—Quizá también nosotros...

—Sí, quizá también.

—¿Quieres apagar la luz?

—¡Qué oscura se queda la sala!

Y la vida. Sintió en la noche alejarse unos pasos,
que esta vez eran los suyos propios. Y fue su mano
la que cerró esta puerta. Pero tuvo la sensación
insólita, absurda, de estar aún en la sala. Le angus-

tiaron los muebles, no porque tuviesen el alma roída de polilla, sino, sencillamente, porque se habían quedado solos. Prisioneros y solos.

A través de las persianas entreabiertas, vio, en ausencia, llegar hasta la sala el rojo intermitente de un anuncio de neón. Y el resplandor color sangre latió en la estancia con el ritmo de un corazón. *Sombras también. Sombas siempre.* No importaba. La sala no tenía prisa. El tiempo de la sala era capaz de absorber la eternidad. *Trescientos sesenticinco noches tiene un año.* Se estremeció. La sala, tal como la vio su ausencia, preparaba en las sombras otro día idéntico al de hoy.

LA CRUCIFIXION DE MISS BUNNING *

Está crucificada. Bajo el rayo de luz, ha pronunciado las palabras:

—¿Por qué me has abandonado?

Y sus labios se contraen en una mueca que ha querido ser sonrisa.

Allá abajo, en la penumbra, hay ojos que brillan observándola. Pero no puede determinar lo que esos ojos expresan. Simpatía, burla, compasión o curiosidad quizá. Sólo un par de ellos son hostiles, francamente hostiles. Brilla su odio en la penumbra y el odio hiere sus cansadas pupilas más despiadadamente que la luz que viene de lo alto.

No siente dolor ya. El dolor ha anestesiado el dolor y hace un esfuerzo sobrehumano por arrancar su mano crispada para echar hacia un lado el mechón de pelo opacamente rubio que cae sobre su frente. Hace una eternidad de segundos que sonó el postrer acorde. *Todo está terminado.* Pero los ojos allá abajo, en la penumbra, no parecen saberlo. Y ella no tiene medios de expresarlo, no puede indicarles que todo —al menos por el momento— ha terminado. Su cuerpo está paralizado. O quizá muerto. Es en ese instante cuando llega a percibir la carcajada burlona. Su cabeza al fin se desgaja y, en movimiento brusco, cae sobre su pecho.

Desde el mundo de penumbra llega a ella el ruido familiar. Han comprendido al fin. Los aplausos as-

* Publicado en la revista *Asomante*, número 2, de 1963.

cienden a la tarima, atraviesan la densidad del piano y penetran por sus extremidades paralizadas. La sangre empieza a circular de nuevo. Logra arrancar sus manos crispadas del teclado, alza la cabeza, acentúa la mueca que quiere ser sonrisa y, bajo el rayo de luz hiriente que la aisla del mundo, lanza con la mano dolorida besos al aire. Trabajosamente, se pone de pie. El sudor le corre a chorros por el rostro llevándose en erosión lenta las espesas capas de maquillaje, brillando bajo el foco de luz de tinte piadosamente rosado, bajando cosquilleante por el cuello fláccido hasta deslizarse sobre el amplio escote que culmina en el nacimiento de unos senos marchitos, erguidos a duras penas por la presión del complicado sostén. La luz rosada empieza a languidecer sobre la zona del piano.

Baja de la tarima, sus pequeños ojos verdes semicerrados, orientándose a tumbos en la penumbra, hasta alcanzar la mesa aislada junto a la pared. Se deja caer en la silla, su mano derecha agarrando con anticipado deleite el vaso chato repleto de *bourbon* con hielo, mientras su mano izquierda pasa nerviosamente el largo pañuelo de chifón sobre el cuello sudoroso. Sorbe el primer trago y sus párpados se cierran y acude a su boca ese maravilloso sabor cálido y dulzón que no es el sabor del *bourbon*, sino provocado por él, y aun antes de que el líquido se deslice por la garganta, experimenta ya la característica sensación invadir su sangre perezosa, acelerándola. Con el rostro alzado y los labios gratamente húmedos, abre los ojos.

El gran abanico de aspas negras en el techo gira a velocidad moderada. El aire es acariciante ahora (o lo siente así al menos) y ella se vuelve a medias en la silla, recuesta su cabeza contra la pared y bebe pausadamente.

Observa entonces el mundo confuso que la rodea, vaporosamente envuelto en risas, humo, parpadear de pequeñas llamas en los velones sobre las mesas, bajo las grandes arcadas y las vigas añejas del techo, con el trasfondo de puertas señoriales, coronadas por semicírculos de madera elaboradamente calada, las palabras en español ahogadas por palabras en inglés para finalmente el *twist*, en el gramófono automático, ahogar con su alarido salvaje las voces, las risas y el chocar musical de cristales, y el parpadear de velones bajo el artesonado centenario.

—Se divierten —piensa.

Porque, en efecto, el mundo todo se divierte en este oscuro rincón del *Old San Juan*. Y ella, saboreando su *bourbon* helado, sólo desea no pensar. Inútilmente, porque aquella voz apremiante, en algún recóndito lugar de su ser, musita: *Es tu noche. Tu última noche.*

Lo es, en efecto. No sólo en este pequeño *nightclub* del San Juan viejo, sino, quizá, en su vida toda. Su última noche. Observa a la juventud bulliciosa en el *bar*. Jóvenes, no todos lo son, pero en la penumbra lo parecen. Y lo son, lo son, después de todo. No hay más que verles, exuberantes en sus gestos, fáciles a la sonrisa, afectuosos, espontáneamente afectuosos. Esos rostros rientes, esos cuerpos jóvenes, elásticos, ágiles. Cierra otra vez los ojos.

Es tan joven, casi adolescente. Le ha visto otras veces; sonríe a menudo al aplaudirla. Ahora se acerca decidido. El mechón de pelo negro cae graciosamente sobre la frente. Y en sus manos tiene una rosa.

—Para usted, miss Bunning. Mi regalo de despedida.

Ella toma la rosa —enorme, roja— y sonríe, temblando de agradecimiento, de emoción genuina. No quiere llorar, no quiere mostrar sensiblería alguna. Él está allí, esperando, y ella dice, sencillamente:

—Gracias. Eres hermoso. Sígueme.

Entre la vagorosa irrealidad de la confusa y ruidose penumbra, él la sigue. Asciende ella ahora, con dignidad de reina, por la escalera amplia, flanqueada de cupidos o quizá de jóvenes cadetes, en este esplendoroso palacio colonial, la alfombra púrpura ahogando sus pasos para no interrumpir la música triunfal que la lleva —los lleva— hacia el amor, hacia la alcoba de espesos cortinajes donde ella se vuelve a él y murmura:

—Es el momento.

Percibe, complacida, el rubor en el rostro pálido y acaricia con sus dedos tersos, apartándolo de la frente, el mechón de pelo tan intensamente negro, aunque el cabello amado era rubio, *Sonny, mi hijo querido,* su cuerpo juvenil —inédito aún para los aspectos más sórdidos del amor quiere creer ella—, horriblemente mutilado por la metralla, si bien es cierto que sólo podía imaginarlo, pues nunca en verdad lo vio. Sólo el corazón, el Corazón de Púrpura y el mensaje cortés e impersonal del Presidente. Sonny, perdido para siempre en una playa lejana, desolada, extraña, bajo un cielo de gente que no era de su mundo, gente espantosa con muy poco de humano, pues no tenía la belleza áurea de Sonny, ni sus cabellos de miel, tan dulces, ni sus ojos con el mismo azul de aquel vestido que ella luciera en el primer baile con el joven sureño que luego sería padre... de Sonny.

Sus dedos suaves han prolongado la caricia desde el mechón negro en rebeldía hasta la cabeza de corte nítido y luego a la oreja y al cuello pálido.

—Ven...

Y al despojarse del corpiño aparece el complicado sostén que ella se apresura a desabrochar para que él vea que no es éste lo que mantiene los senos erguidos. Y, en efecto, cuando cae el sostén a sus pies, se descubren los senos rotundos, exuberantes, tensos, las puntas eréctiles, proyectándose hacia él, provocadoras de la natural y lógica caricia. Lentamente, el cuerpo todo va surgiendo en la penumbra de la alcoba. Y ella se estremece ante la mirada ardorosa que recorre, sin timidez ya, las delicias que su cuerpo ofrece.

Él se ha acercado y besa con pasión, no su boca, sino su hombro, y ella, imperceptiblemente, retrocede hasta el lecho amplio con alto dosel de raso color esmeralda y ambos ruedan por él en el preámbulo de la consumación definitiva mientras la música triunfal se hace ensordecedora en un dramático *crescendo* de pasión.

Sonriendo aún, siente la sensación de frío que el vaso chato de *bourbon* con hielo comunica a su mano ardida. Abre los ojos alucinados y oye el *twist* en el gramófono automático, mientras allá, entre los rostros jóvenes del *bar*, está él, con su gracioso mechón sobre la frente pálida, inclinado amorosamente sobre la chica de escotado traje color esmeralda que tiene una enorme rosa roja en los cabellos negros. Ellos, los jóvenes...

Bebe un sorbo largo, pero siente, de pronto, sobre sí la mirada de odio. Vuelve a medias la cabeza y ve al negro con su gorro blanco en la puerta de la cocina. Es algo fugaz, porque la puerta se cierra abruptamente, tragándose tras de sí el rostro oscuro y la mirada hostil.

Se pregunta por qué está aún aquí esta noche. El administrador le ha pagado con horas de anticipación su último salario, *tiene prisa por salir de mí,* y ella podría hacer un recorrido por los sitios más perversos o, quizá, sólo más excitantes del *Old San Juan.* Pero no se siente con fuerzas para la aventura y no porque después de la muerte del hijo perdiese en algún recodo de su vida al padre de Sonny (si pudiera decirse *perder* respecto a alguien que nunca en verdad perteneció a ella). Eso, de todos modos, es algo adecuadamente remoto. Sus éxitos vinieron luego. Mas ese luego se remonta a años, décadas, sin duda.

Todo fue un engaño o, para ser exacta consigo misma, un engaño para el administrador y los nativos, y una sorpresa para ella.

—Miss Bunning, un contrato para San Juan —después de meses de hambre, de humillaciones sin cuento, de franca miseria.

Aturdida aún por el exceso alcohólico de la noche anterior había preguntado pesadamente:

—¿San... Juan? ¿Dónde..., dónde diablos queda eso?

La voz impasible al teléfono había condescendido a explicar:

—Capital de una isla. Una isla propiedad de los Estados Unidos, en algún punto del Caribe.

Ella, con su torturante, infernal dolor de cabeza, se había encogido de hombros. Morir de hambre en Chicago o saciar el hambre de unos pobres caníbales en el Caribe no le parecía, a la postre, demasiado diferente.

—Está bien. Dígale a esos benditos salvajes que iré.

El engaño fue de ellos, porque su agente había enviado una foto suya de veinte años atrás. La sorpresa fue suya, pues en vez de caníbales en una isla semidesierta encontró gente casi blanca viviendo de modo civilizado, guiando vertiginosamente relucientes autos norteamericanos, bailando admirablemente el *twist* y hablando o, comprendiendo al menos, su inglés sureño, aunque muchos, por lo regular, hablasen entre sí, infortunadamente, en español. No la metieron —y no le hubiese importado mucho en verdad— dentro del consabido caldero, el caldero enorme que usan —según las caricaturas de las pocas revistas que ella en los últimos años hojeara— los negros de Africa y los antropófagos del Caribe o de esa parte de América, extraña, misteriosa y un tanto repelente que llaman «Latina».

Sonríe mientras saborea su *bourbon* helado. Aplausos. Aplausos aquí, después de haberse acostumbrado a los pataleos y los chillidos de protesta y alguna que otra lata de cerveza vacía arrojada contra ella o contra el piano desvencijado en aquel tugurio de Chicago. *¿Por qué no se retira, Miss Bunning?* Aplausos aquí de sus iguales, los paisanos rubios, que veían en ella una especie de fenómeno arqueológico, sobrevivencia inexplicable de la década del veinte; su estilo de cantar o lo que ha quedado, roncamente, de aquel lejano estilo: su costumbre de interrumpir reiteradamente su propio acompañamiento al piano para gesticular, dramatizando la canción con un amplio abanicar el aire de una de sus manos —en ocasiones de ambas—; su deteriorado repertorio con canciones de letra picante, a menudo francamente obscena. Aplausos también de los nativos, que veían, más que oían, con horripilada fascinación, el espectáculo de aquella vieja y fea señora norteamericana, precisada, a tan inadecuada edad, a hacer el ridículo para ganarse el pan, provocando en ellos la conmiseración, que expresaban en una frase singular: *¡Ay, bendito!*, para ellos muy típica, sin duda.

Ella ha adorado este tardío público mixto: adora, sencillamente *adora* esta isla maravillosa que no sabe cómo ha ido a parar a manos de los Estados Unidos —en una ocasión fue de España, ha oído decir—; adora, absolutamente *adora* su gente, tan amable, tan «simpática», como ellos mismos dicen, en fin, tan... «ay, bendito». Y adora, sobre todo, los gatos escuálidos que de noche se pasean por la vieja plaza colonial, frente al *night-club*, y a quienes ella, antes del primer espectáculo, lleva —llevó hasta hoy— golosinas varias. Oh, sí, esos famélicos gatos del *Old San Juan*, tan sinuosos, tan lúbricos, tan...

felinos, en fin. Cuántas madrugadas, agradecidos, le han dado serenatas con sus gritos terribles de dolor y placer que son casi humanos. ¡Ah, los gatos!

Tu última noche. La sonrisa desaparece de sus labios. No quiere pensar. Termina de un sorbo brusco su bebida.

—Otro *bourbon*, por favor. ¡Pronto!

A las siete de la mañana deberá estar en el aeropuerto, pues el avión parte a las ocho. *Miss Bunning, Miss Bunning, ¡qué bella es usted!* ¿En qué momento de su vida oyó aquellas palabras maravillosas? *¡Vieja perra, deja ya ese piano y vete a un asilo!* Eso fue en Chicago. ¿Destino? New York. Remontándose sobre nubes musicales, abandonando la isla felina, los gatos soleados, los aplausos, los cuerpos jóvenes, tan tersos, y allá, en el azul límpido, quizá la horrible explosión, pedazos diminutos de Miss Bunning, átomos de Miss Bunning, dispersos musicalmente por el cielo del Caribe, disueltos en la atmósfera transparente de San Juan. *Es tu última noche. Tu última noche...*

Lleva a sus labios el nuevo vaso de *bourbon* con hielo y cierra los ojos. Otra vez la dulzura inefable del alcohol helado circulando por su cuerpo. De pronto oye con claridad hiriente el chirrido de la puerta de la cocina. Abre pesadamente los ojos: allí está él. Se ha quitado el gorro y el delantal blanco. La mira. Una vez más el odio que ha intentado aplastarla durante su estadía en San Juan, mientras la voz del negro sureño canta en el disco, entre risotadas y gritos, un filosófico *twist:*

Este mundo es una cosita curiosa,
que da vueltas, vueltas y más vueltas.
Así es que va este mundo, sí, señor, así es que va.
A dónde nos lleva, oh, hermanos,
no lo sabe nadie, ni nadie lo sabrá.

Avanza hacia ella con paso sinuoso, felino, sus movimientos respondiendo a un ritmo interno que no es el del *twist*, los pantalones grises, ceñidos, inverosímilmente ceñidos como si fuesen parte de su piel, poniendo al relieve, brutalmente, sus formas de un modo que a ella le parece estremecedor. Quisiera apartar los ojos del hombre que se acerca, pero no puede. Ya él está allí, se sienta frente a ella, el rostro negro destaca en la penumbra una sonrisa de blancura total. Recuperando momentáneamente de su estado de fascinación, intenta llevar el *bourbon* a los labios, pero la manaza negra cubre el vaso y ella oye la voz claramente decir:

—No beba más, Miss Bunning. Déjeme acompañarla a su habitación.

Ella oscuramente piensa que debería sentirse insultada, pero en cambio siente un desfallecimiento súbito, como si la borrachera del día le aflorara de pronto paralizando su voluntad. Percibe en su brazo la mano recia que la impulsa a moverse, y trabajosamente se pone de pie. Intenta huir aún, rechazar la mano que la doblega, pero es inútil, no tiene fuerzas que oponer a la violencia que ha empezado a desencadenarse sobre sí.

Suben lenta y penosamente por la escalera estrecha de la desvencijada casa colonial, ella dando tumbos, él sujetándola, impidiéndole caer, ese raspar, *chas-chas*, de los zapatos en las gastadas losetas de mármol, mientras una voz ronca y lejana de mujer, en el gramófono automático, llora en inglés su desgarrada desesperación:

Tú nunca me conociste, Juan.
Tú nunca, nunca, has reconocido a alguien que ama
[*de verdad.*

En la habitación no es preciso encender luz, porque la claridad nocturna entra a torrentes por la gran puerta de dos hojas, abierta sobre el balcón, los faroles antiguos de la plaza destacando en el fondo la gran cruz de piedra de la vieja iglesia colonial, y ella, fatigada, dolorida, exhausta, apoyándose a pesar suyo en el pecho poderoso, aspirando, por encima del sabor a *bourbon*, el olor acre a sudor de negro, sintiendo que la mano de él, de modo brutal, desgarra su corpiño y luego el complicado sostén, que al caer a sus pies deja libres, colgantes, unos senos fláccidos, de piel que en algunas zonas empieza a hacerse áspera, dejando paulatinamente al desnudo, en desgarrones violentos, la miseria toda de su cuerpo. Y se siente lanzada sobre la cama deshecha, el mosquitero sucio precariamente recogido en lo alto, mientras él, también desnudo, avanza a contraluz, mera silueta gigantesca, a cuyas espaldas la luz de los antiguos faroles ilumina vagorosamente la cruz de piedra en la iglesia colonial. Y cruje el lecho bajo el peso de una rodilla poderosa, mientras de la entraña misma de la tierra surge ahora, en grito, la voz de mujer que canta:

> *Amar a alguien es siempre doloroso.*
> *Perder a alguien te ahorrará el dolor.*
> *Yo, ay, perdí a mi amado*
> *Y no siento pena en decirle adiós.*

Es tu última noche, tendida cara al cielo, a un artesonado inaccesible de vigas de ausubo, maderos negros, los brazos abiertos, en cruz, toda ella abierta a la vida, a lo que pueda quedar de vida en esta noche postrera del *Old San Juan*. Porque brilla el odio en la penumbra junto a los dientes de un blanco total, con aquel olor acre a sudor que ahoga el sabor a *bourbon*, y los movimientos lentos, sinuosos, deliberados, siguiendo un inaudible ritmo, el contacto quemante de la piel oscura, rugiendo el lecho y su cuerpo todo bajo el peso inmenso, aunque no es ella, sino un famélico gato en la plaza quien lanza el alarido terrible de placer y dolor que es casi humano, humillada, aplastada, crucificada por el odio y la venganza o el placer o el amor o lo que mueve al mundo cuando ya en él nada queda: sólo pedazos pequeños de Miss Bunning en el cielo nocturno del Caribe, átomos dispersos de Miss Bunning en la noche serena de San Juan.

EL CUCHILLO Y LA PIEDRA *

*Not I, not I, but the wind that
blows through me!*

D. H. LAWRENCE

No era una araña monstruosa esta vez, ni siquiera
el gusano con ojos de neón y cuchillos en cruz, o la
lagartija con lengua de fuego y cola de pez. No era
nada de eso. Sólo el chorro de luna vaciándose por
el techo en ruinas, las sombras húmedas de los pa-
redones de ladrillo y argamasa, el rumor siempre
presente del mar en su terco golpetear contra los
bastiones de siglos. *Estoy despierto.* Despierto al
espanto, al frío y la noche y la expectación; inmóvil,
los ojos muy abiertos, el sudor también inmóvil, sin
rodar sobre la piel oscura, cuajado todo él en la espera del grito que habría de desgarrar sus vísceras,
como todas las noches, a la hora precisa, en el instante mismo del horrendo desfile: el cangrejo asesino, o la araña monstruosa, o el demonio pequeño
con sus patas de hormiga. *Hasta la hormiga es útil.
Pero tú...*
El tiempo es un remolino de voces que se van apa-
gando. Pero queda el eco, o la huella, lo que anima
el recuerdo. El remolino del tiempo será igual para
todos. Pero el eco de las voces, no. El hombre que
nació con los brazos de niño tendrá huellas de voces
que nadie conoció. *Todo él crece. Pero sus brazos*

---

* (1957).

no. Los brazos de niño volviéndose más cortos, a medida que se expande el tronco, y las piernas crecen, y el sexo y el cráneo y la nariz y el resto. *¡Dios mío, que me crezcan los brazos!* Se ha pedido el milagro. Y es que nadie puede atravesar la vida con los brazos cortos. ¡Nadie puede!

Atravesó campos y pueblos y la ciudad más grande, *El milagro, ¿dónde está?*, y multitudes en circos y ferias y fiestas patronales, *¿Por qué, señor cura, por qué? La voluntad Divina, hijo mío. Jamás sabremos por qué*, y hasta soledades en playas, y cuevas, y montes remotos, leyendo la Biblia, hurgando, buscando siempre la verdad. Y los brazos no crecieron jamás. Se puede tener corazón de niño, o cerebro de niño, o la nariz o el estómago o la piel, pero los brazos no.

La luna y las sombras y el rumor del mar nada añadían a la noche de espanto. Pero el espanto no se producía como otras noches y el torbellino del tiempo parecía haber detenido sus voces.

—Marcela. —Sólo la voz del mar contestó. Aunque de inmediato, la nota musical, clara y nítida, se elevó en la noche.

Mantuvo su inmovilidad, los ojos muy abiertos, los diminutos brazos pegados al torso. La música le pareció más próxima, tan triste y llena de zozobra. Sintió, por encima del sonido del instrumento, pasos cautelosos sobre los escombros. Y tuvo la certeza: *Un monstruo más horrible que los otros.* Los pasos se acercaban. Pensó cerrar los ojos. *No podré resistir...* Pero ni tiempo tuvo para mover los párpados. La figura estaba ante él. El hombre joven color de luna, con gorra de pillete y ojos como de noche, tocaba un pequeño acordeón. Y le miraba —sólo eso— le miraba. *Ahora empezará a transformarse. Ahora se convertirá en serpiente.* Pero no se transformó. Siempre tocando, se alejó unos pasos y fue a sentarse sobre una piedra, junto al paredón del fondo,

donde el rayo de luna no lograba llegar. La gorra
daba sombra a su rostro, pero los ojos, color de noche, tenían el brillo de dos infiernos (o eran dos infiernos en verdad).

—¡Marcela! —gritó.

—No la despiertes.

Era una orden, pero la voz sonó dulce y queda,
como una sugerencia, como un ruego casi.

—¿Quién eres?

—El que hace la música.

—¿Qué quieres?

—Un sacrificio.

—¿Qué es eso?

—... aquello que tú más anhelas, o quieres, o deseas...

—¡No anhelo nada, ni deseo a nadie!

Y otra vez sonó la música. Pero por encima de la
extraña melodía oyó un chillido estridente. El espanto le hizo volver el rostro. Cuando miró de nuevo
hacia la pared del fondo, ya el hombre no estaba allí.
Sólo una rata enorme avanzaba perezosa sobre los
escombros, con el brillo del infierno en sus dos ojos
de noche. El grito, para el cual se había preparado
desde hacía varias horas, le salió desgarrado, deses-
perante. Y luego, una vez más, articulando otro grito, el nombre de ella:

—¡Marcela!

Le había tomado la barbilla con su manecita de
niño, tan inverosímilmente adherida al brazo atro-
fiado, y le había dicho, esforzándose por sonreír:

—Si no lloraras más, hasta bonita te verías.

Ella redobló su llanto y se echó en sus brazos: sus
brazos tan cortos, que apenas podían abarcar el
cuerpecillo enclenque, tan impotentes para el abrazo,
tan inservibles para todo, en fin.

—Yo quiero morirme. Ya no tengo a nadie.

—No llores. Seré un padre para ti.

Lo dijo sin pensarlo, en el trajín de la carpa, mientras se preparaba la función de la noche, después de haber ido a enterrar al equilibrista que murió en el accidente de la *matinée*, el día anterior.

—Tú sabrás lo que haces. El asilo sería mejor —había objetado el director del circo.

Pero él la adoptó. A su modo, sin papeles, sin abogados ni jueces. Y ella, igual, lo adoptó a él. Y siguieron en la familia grande del circo —*el payaso de los brazos cortos*— por dos años más. Hasta que por borracho lo echaron a él. Y luego, por cuenta propia en ferias y fiestas patronales, como al principio otra vez. Y, finalmente, en los más oscuros rincones del arrabal, donde ella, ratera o mendiga, proveía, y él bebía, ocultando sus brazos, sin defensa ante los monstruos que poblaban ahora su mundo, pero de espaldas al mundo de los hombres, y a los hombres mismos, que ya ni percibían —entre las ruinas y la escoria— su monstruosidad.

—¿Me trajiste el ron, Marcela?

—Alcohol desnaturalizado, y un refresco. Hoy no había para más. —Y sonreía.

Dios no realiza el milagro de hacer crecer los brazos, pero Dios hace milagros que vuelcan el orden de la vida, sin pedirlos nadie, sin razón, sin porqué.

—¿Por qué te has pintado los labios, Marcela?

—Yo no me pinto los labios. Me podrían besar mil veces y mis labios no cambiarían su color.

Mil veces son muchas veces. Y él dejó de mirarle los labios.

—¿Por qué te aprietas tanto el talle ahora, Marcela?

—Yo no me aprieto el talle. ¿No ves que son los pechos que se me han vuelto grandes?

Él lo veía. Y bebía a borbotones el ron, o el alcohol desnaturalizado, y antes de que llegasen las visiones de espanto, huía de Marcela buscando refugio momentáneo en la más remota casucha del arrabal, sus bracitos de niño agitándose inermes, dejando que la mujer ducha en miserias humanas supliera los manejos que sus manos ridículas no podrían jamás realizar.

—¡Marcela! ¿Con quién hablas?

—Con nadie.

—¿Lo viste?

—No he visto a nadie.

—Estaba allí, haciendo su música infernal. Y luego, de pronto...

—Se volvió rata —rió ella—. O cangrejo enorme, o araña, o murciélago, quizá.

—No, no. Me refiero al otro.

—Está bien. Trata de dormir. No dejaré que se acerquen. —Y apoyó la cabeza en el pecho agitado del hombre.

Nada había extraño ahora entre las ruinas. El chorro de luna era el de siempre. Y allá afuera, el mismo terco batir del mar sobre la base de las murallas. Sintió una efímera sensación de bienestar. *Lo he soñado.* Y su mano atrofiada, penosamente, se deslizó por su propio pecho hasta alcanzar la cabeza de Marcela, subiendo, subiendo, hasta que sus deditos crispados lograron acariciar las crenchas revueltas. *Mía, mía.* Y todo en él era gratitud hacia ella, y hacia la vida, y el mundo.

—Marcela.

Casi dormida, creyendo que otra pesadilla le asediaba, estiró ella la mano y se puso a acariciar la frente ardida, las mejillas.

—Shhh... No es nada. No es nada. —Hasta que sus dedos se detuvieron en los labios entreabiertos y los golpearon levemente, *Shhh...*, y luego permanecieron inertes sobre la boca y el mentón.

Él sintió el dolor de su propia mano al querer crisparse —¡tan inútilmente!— sobre la cabeza reclinada en su pecho. *Mía.* Y la impotencia de la mano atrofiada se vio compensada por la potencia súbita que estremeciera el cuerpo, reaccionando todo él a la más mínima sensación táctil, los labios abrasados por la presión inmóvil de los dedos de ella. *¡Mía!* Y los labios se unieron suavemente, pillando sólo dos dedos, en lo que al principio fue beso, para luego convertirse en mordisqueo y delirio.

—No es nada. No es nada. Estoy aquí... —consoladora ella, siempre entre sueños. Y él, con un golpe de su cuerpo, echó el otro sobre la tierra apisonada del pavimento, y dando una voltereta sobre sí quedó cubriendo a la mujer, y sus labios buscaron con avidez los labios de ella, y en su garganta se atropellaron gritos de amor que jamás había articulado, y el nombre de Dios se unió al de Marcela, y las lágrimas rodaron, y brotó la risa, y la felicidad pareció descender al mundo por la vez primera. Pero la felicidad se queda en el cielo. Porque un hombre con brazos de niño tiene que clamar, en el paroxismo del momento que precede a lo que es supremo:

—¡Ayúdame, Marcela! ¡Por amor de Dios, ayúdame!

Y si antes no le oyó Dios para el milagro, la mujer —espantada— será sorda a la petición de ayuda, y el hechizo quedará roto, y la felicidad no será, y sólo habrá frustración y vergüenza, y un grito sólo, al cielo, horrible, que se perderá en la noche, sin remedio:

—¡Maldita sea mi vida!

Había pasado el desfile. Los monstruos habían venido a él implacables, en sus formas diversas, dando alaridos, devorando trozos de su cuerpo, prefiriendo unos sus músculos, otros sus entrañas, algunos sus ojos y su lengua, también su sexo, pero

respetando todos sus brazos, sus bracitos de niño
que él extendía hacia ellos, un poco a modo de
defensa, pero más a modo de carnada, para que los
devorasen, para que los hiciesen desaparecer de la
faz de la tierra, pero inútilmente, porque eran las
únicas partes de su cuerpo que no mordían los
monstruos, que no tocaban siquiera.

De bruces sobre los escombros, estremecido todo,
gimiendo aún, empapado de sudor, y orines fríos,
y lágrimas, había súbitamente percibido la nota musical, clara, nítida. Y luego la melodía. No, los pasos
no. Debió de llegar antes, cuando los monstruos
hacían de las suyas. Se incorporó jadeando. Allí estaba, sentado en la piedra del fondo, cerca del rincón donde dormía Marcela desde la noche aquella:
la gorra sombreando el rostro, los ojos de noche
brillando como dos infiernos.

—¿Quién eres?
—Lo sabes bien. El que hace la música.
—¿Qué quieres?
—El sacrificio que me prometiste.
—No he prometido nada.
—Sí. Lo que más deseas.
—¿Qué es eso?
—Marcela.

Y las manos del desconocido plegaron el acordeón
en un arpegio largo. Él, trabajosamente, se puso de
pie. Esta visión tan distinta le parecía más demoníaca y peligrosa y, sin embargo, de modo absurdo,
era la única que creía posible conjurar.

—¡Vete de aquí, demonio!

Avanzó tambaleándose. De pronto, sintió unos brazos familiares enlazarse a sus espaldas.

—No grites. Estoy contigo.
—Suéltame. ¿No lo ves? ¡Allí, allí, en la pared del
fondo!

—No, no lo veo. No lo ves tú tampoco. Es igual
que los otros —las manos de ella cubriendo, con

12

desesperación, sus ojos—. No lo ves. ¡No lo ves, te digo!

Con movimientos salvajes lanzó a la mujer lejos de sí. Volvióse a la pared del fondo. El que hacía la música ya no estaba allí.

La observaba. Ahora que algo innombrable se interponía entre ambos, le parecía que ella se abría a una vida que él no le había dado. Bebía y la observaba en silencio. Hasta que un día, mientras ella tarareaba la misma melodía del acordeón, la sorprendió con la pregunta aquella:

—¿Qué entiendes tú por *sacrificio*, Marcela?

—¿Sacrificio? Algo de lo que uno se priva, supongo.

—¿Como qué?

—Como la carne que no comen los viernes los que tienen carne.

—Entonces, ¿sacrificio es *lo que no se hace?*

—Sí, supongo que sí.

Callaron. Ella se puso a encender la leña del fogón de piedra. El sol daba de lleno en su cabeza revuelta y sus labios se fruncían al avivar la candela. Y las llamas a él le hicieron recordar algo remoto en su cerebro.

—Necesito una Biblia —dijo, de pronto.

—¿Una Biblia? Tendré que robarla. —Sonrió ella volviéndose a medias.

Dos días después le trajo la Biblia. Y él se puso a hojear el libro entre sus manecitas torpes, buscando algo de algún modo perdido en su memoria. Hasta que dio con ello: *Llegaron al lugar que Dios le había mostrado, en donde erigió Abrahán un altar, y acomodó encima la leña; y habiendo atado a Isaac, su hijo bien amado, púsole en el altar sobre el montón de leña. Y extendió la mano, y tomó el cuchillo, para sacrificar a su hijo.* Interrumpió la lectura. Cerró el libro y se quedó inmóvil. Luego musitó quedamente.

—¡Hay sacrificios y sacrificios, Marcela!

Postróse de hinojos bajo el chorro de luna y estuvo así, quieto, como una ruina más entre las ruinas. Fue luego a sentarse en la penumbra y se puso a la espera. El silencio hacía resaltar el batir del océano y la respiración rítmica de Marcela dormida junto al paredón del fondo, allí donde se sentaba en sueños el hombre joven con ojos de infierno. No había ratas, ni arañas, ni hormigas monstruosas. Sólo escombros, techos hundidos, paredes resquebrajadas, grietas. No había pasos cautelosos, notas agudas, melodías extrañas, sombras, vaguedades, sueño. Todo era real y preciso, angular, hiriente y desolado.

Se arrastró suavemente, como un lagarto inmenso, hasta el fogón primitivo. Buscó a tientas el cuchillo y lo tomó entre los dientes. Luego, siempre a rastras, dirigióse al paredón del fondo. Se detuvo ante el cuerpo de la mujer. Se incorporó poniéndose de rodillas. Finalmente, se sentó sobre sus talones.

Sus brazos de niño se estiraron exasperadamente hasta unir las manecitas atrofiadas sobre el pecho ancho, poderoso. Parecía ahora un ser prehistórico, un monstruo de edades geológicas, cuando Dios, inexperto, creaba seres absurdos de cuerpos inmensos y garras pequeñas, como de juguete; un ser caótico recién salido del soplo divino, asombrado de su Creador y de sí mismo, buscando el porqué de su estar vivo, inventando el primer gesto para la blasfemia (o para el rezo, quizá).

Pero no se habían juntado las manos para la oración, sino para, trabajosamente, agarrar el cuchillo que sostenía en la boca. Y con paciencia infinita, con dolorosa torpeza, las manecitas colocaron el cuchillo en posición horizontal, la punta del mango apoyada firmemente contra el pecho, la hoja turbia y larga, de filo reluciente, proyectada hacia afuera. Y era en la penumbra la silueta de una nueva monstruosidad: el cuerpo definitivo de un unicornio único.

Esperó inmóvil, tenso, los ojos fijos en el hipnotizante ritmo del pecho de la mujer al respirar dormida. De pronto, sonó en la noche —clara, nítidamente, la nota musical. Marcela hizo un leve movimiento y sonrió entre sueños. La nota musical se convirtió en melodía nostáligica. Y se oyeron lentos pasos cautelosos.

Ya él no tenía conciencia de sus propios brazos. Le parecía que toda su sangre circulaba, de algún modo, por el cuchillo, parte nueva de su carne que le daba una jamás experimentada sensación de triunfo. Se incorporó hasta quedar arrodillado. Bruscamente, dejó caer todo el peso de su cuerpo sobre el pecho de Marcela. La hoja penetró dócilmente partiendo el corazón. Y él sintió, a través de la hoja, el latido último, y la sangre; nutriéndose su parte nueva de la sangre de ella, circulando las dos sangres por las venas de la hoja humanizada, sin gritos ni gemidos, con la austeridad ritual de un ancestral misterio.

Se puso de pie, dejando la hoja clavada en el pecho, no queriendo poseer ya más el nuevo miembro que le diera Dios para compensar sus brazos inermes, dejando en el corazón partido su poder efímero, y su triunfo eterno.

Sintió los pasos a sus espaldas. Se volvió lentamente. La visión estaba allí, bajo el chorro de luz. Y él, en la penumbra. El mensajero, o demonio o pesadilla había dejado de tocar y le miraba con ojos donde anidaba el espanto.

—He aquí el sacrificio —dijo él. Y se alejó pausadamente hacia la abertura grande que daba al mar.

Ya en la explanada que coronaba las murallas, respiró hondo. El mar abajo, batía su furia de siglos. Arriba, el cielo tenía la tranquilidad de un niño. Y allá, a sus espaldas, desde el silencio profundo de las ruinas, salió un sollozo de hombre que se elevaba en grito.

—¡Asesino!

Siguió avanzando por la explanada, sus brazos pequeños balanceándose graciosamente al compás de sus pasos.

—¡Asesino!

Voz perdida sin remedio. Él sabía que Dios y la noche no escuchan nunca el grito de un corazón desolado. Y siguió avanzando.

EL MIEDO *

Abandonado como los muelles en el alba;
Sólo la sombra trémula se retuerce en mis
manos.

PABLO NERUDA.

El bombillo encendido le irritaba. Era la única luz en la calle. Un bombillo en forma de pera colgando demasiado alto de un poste de alumbrado público. Pensó detenerse para evitar que ocurriera precisamente dentro del miserable círculo de luz. Siempre sentía ese pudor ridículo. Sin embargo, su cuerpo continuaba avanzando penosa, pero inevitablemente. Tuvo entonces la débil esperanza de pasar bajo el bombillo sin que «eso» ocurriera. Media docena de pasos después del poste la calle se sumía en la oscuridad protectora. Pero los síntomas avanzaban cuerpo arriba de un modo fatal. La angustia, como una voz de alerta. Luego la bola pesada del estómago subiendo y bajando a intervalos cortos. El frío ascendente en la espina dorsal. El sudor, la niebla en los ojos, la danza inverosímil del pavimento bajo sus pies inseguros. Era inevitable. Ya venía. Extendió el brazo a ciegas buscando un apoyo. Cerró los ojos. Su cuerpo doblóse a medias por el esfuerzo y lanzó el vómito. Todo su cuerpo pareció volcarse por la boca.

---

* Premiado en el certamen literario convocado por el Ateneo Puertorriqueño para el año 1948. Publicado en *Asomante*, 1949.

La angustia desapareció de súbito. Abrió a medias los ojos y vio el charco amarillento bajo la luz del bombillo. Diose cuenta de que estaba apoyado en el poste. Sintió un gusto acre en la boca. Un vaho repugnante a ron se le agarró tenazmente a la nariz.

Con gran esfuerzo logró apartarse del poste. Se tambaleó por un instante, pero volvió a recuperar el equilibrio. Era igual todos los sábados. A menudo preguntábase por qué había de ocurrirle eso. Otros tenían la habilidad de asimilar el licor ingerido y luego eliminarlo por las vías normales. Le consolaba el pensamiento de que el vómito le ahorraba a sus riñones un trabajo deteriorante. Pero sentía asco de su debilidad. Cuando bebía con Adela, celebrando alguna fecha que para él no tenía significado, se metía en la cama con una mezcla agradable de ardor y languidez. Mantenía los ojos muy abiertos y el cuerpo muy quieto. Pero el alcohol convertía a Adela en una masa de carne enardecida. Él seguía bien el juego hasta que la lengua rosada y eréctil se introducía en su boca. Entonces daba un salto y entraba en el estrecho cuarto de baño para vomitar. Al regreso a la cama adivinaba la mueca burlona de la mujer. Y se sentía miserable. Trataba entonces de compensar la interrupción con caricias apasionadas. Pero era inútil. Sabía bien que le había echado a perder la noche a Adela.

En cambio, los sábados bebía sólo. Era una costumbre. Por la mañana se sentía aterrado pensando en lo que le sucedería durante la noche. Pero siempre se las arreglaba para que sucediera. Sabía por experiencia que los excesos alcohólicos le destrozaban. Sin embargo, se complacía en analizar todas las sensaciones físicas desagradables. Luego establecía comparaciones. Ninguna podía igualarse al miedo. Sin embargo, ese proceso angustioso que precedía al vómito era, en un grado ínfimo, lo que él experimentaba cuando el miedo hacía presa de su ser.

Sacó el pañuelo y limpióse el sudor de la cara. Luego lo estrujó con rabia contra los labios para borrar todo rastro de saliva mal oliente. Avanzó calle abajo con paso más seguro. Se sentía débil y persistía el sabor acre en la boca. Hubiera deseado mascar goma con sabor a menta. Pero sabía que bebería una taza de café. Le calmaría el estómago y los nervios.

Dirigióse al bar «Chico». La imagen de las botellas de ron en simétricas hileras le hizo detenerse indeciso. La visión arrancóle un eructo. Sin embargo, era el único establecimiento abierto. Tomaría el café de espaldas al mostrador.

Apenas entró, arrepintióse de haberlo hecho. Empezó a sentir la terrible sensación de inseguridad que le dominaba al pisar un lugar extraño. Tuvo la súbita certidumbre de haber sido arrastrado allí como un saco de azúcar o un fardo de tabaco, sin que se hubiese consultado su voluntad. Miró asombrado a su alrededor. El hombre detrás del mostrador resbaló sobre él sus ojos somnolientos. Los cinco parroquianos interrumpieron un instante su charla para observarle. ¿Qué querían de él? No lo sabía. Y le invadió una angustia dolorosa. Deseó volver atrás, pero comprendió que era imposible. Estaba allí, y era preciso actuar.

Uno de los parroquianos se levantó y echó una moneda en el gramófono automático. Se oyó el sonido metálico de la moneda al deslizarse por el vientre del aparato; luego un ruido como de lluvia y, por último, los primeros acordes disonantes de un mambo. La música fue como una cortina protectora que se extendiera entre él y los demás. Se felicitó porque el miedo no había llegado a poseerlo y se acercó al mostrador tratando de que su mirada no rozara las hileras simétricas de botellas.

Al pedir el café su voz sonó ronca por encima de la música. Fue a sentarse en una mesa. Sentía que su presencia resultaba molesta para los otros. Le observaban a hurtadillas. Empezó a experimentar una vez más la angustia que siempre precedía a la interrogación: «¿Qué quieren de mí?» El no saber lo que se exigía de él en la vida era la raíz de su miedo. Preguntábase quién tenía derecho a exigir algo de él. Algunas veces los hombres, otras las cosas. Adela también. Detrás del placer satisfecho había una exigencita que él no podía descifrar. ¿Qué querían de él?

Descubría en sí mismo síntomas de neurosis. Pero él sabía que no era una explicación satisfactoria. Sólo en ocasiones, como chispazos terribles, llegaba hasta él la conciencia de que su miedo era de raíz metafísica. Y se sentía aplastado. Si era una ley implacable, ¿por qué no la sufrían los otros? Y su miedo se complicaba al sentirse solo en aquella terrible angustia.

La música del gramófono cesó abruptamente. El silencio parecía volver a establecer cierta débil comunicación entre él y los otros. Esto le disgustaba. Los parroquianos reanudaron su charla. Aparentemente se habían acostumbrado a su presencia. Al principio no pudo entender lo que decían. Luego comprendió que hablaban de política. El gordo del bigote y el calvo de la camisa azul eran partidarios de la anexión. Los dos más jóvenes estaban a favor de la independencia. El otro estaba demasiado borracho para opinar. El hombre detrás del mostrador servía impasible el café.

Le irritaban las discusiones políticas. La misma incapacidad que le impedía razonar su problema le nublaba el entendimiento en cuestiones políticas. En vez de identificarse con la suerte de su patria, identificaba a ésta con su propia suerte. Veía la

isla lanzada allí, entre el Atlántico y el Caribe, sin
conciencia alguna de su existencia durante siglos.
Luego, la invasión y colonización española, como
un latigazo en el alma dormida de la isla. El asombro del despertar. La urgencia para incorporarse a
un mundo ajeno. El desconcierto. «¿Qué quieren
de mí?», preguntaría ella. Luego, un nuevo latigazo
a su vida: la otra invasión. Y él comprendía la
angustia de la isla lanzando de nuevo la interrogación: «¿Qué quieren de mí?». Sí, ¿qué querían
de ella? ¿Con qué derecho exigían? ¿No era suficiente la angustia de ser isla, de su soledad, de la
incomprensión de dos océanos que aprisionaban sus
horizontes?

El calvo de la camisa azul zarandeó al que se
mantenía neutral. Los otros rieron. Querían sacar
una opinión de aquella mente en letargo. El borracho lanzó una serie de gruñidos sordos. El de la camisa azul, enardecido por las risas de aprobación, le
abofeteó brutalmente. El infeliz pareció comprender y trató de escapar. Era ya demasiado tarde.
El otro le golpeó en el estómago. Los dos jóvenes
dejaron de reír. El gordo rió sin entusiasmo. Un
terrible puñetazo, entre los ojos aterrorizados, lanzó al borracho pesadamente junto al mostrador. Un
silencio hostil epilogó la escena. El calvo, nervioso,
ocultó su turbación riendo a carcajadas. El hombre
del mostrador trajo la taza de café y la dejó sobre
la mesa.

Allí estaba la taza blanca sobre el mantel a cuadros rojos. Estaba allí, asombrada, imbecilizada, sin
conciencia alguna de su contenido. De pronto él
supo que no deseaba tomar café. Vio al borracho
incorporarse con el rostro descompuesto por el terror. El gordo estaba también atemorizado. Los dos
jóvenes, pálidos y nerviosos, apartaban la vista del
borracho y del calvo. Este no reía más. Era obvio
que tenía miedo.

Él sabía que aquel miedo de los otros era distinto al suyo. Un acto de violencia había engendrado el miedo físico de los parroquianos. Miedo al agresor, miedo a la pasividad del agredido, miedo al acto violento, miedo a sí mismos, miedo a la opinión ajena, miedo a la propia conciencia. Media docena de miedos con una raíz común. Pero su *miedo* era distinto. Aquellos seres extraños no podían comprender el suyo.

Dejó una moneda junto a la taza de café y salió. El alarido del mambo en el gramófono automático volvió a herir sus oídos. Al doblar la esquina oyó los golpes de un rotén sobre el pavimento. Un policía se acercaba al «Chico».

Al cruzar la plaza le sorprendió el reloj del Ayuntamiento con sus campanadas largas. Las tres de la madrugada. Vio ante sí la mole sombría de la Catedral, y recordó que era la madrugada del domingo. Apresuró el paso pensando en el fastidio de esa mañana. Adela le despertaría con el trajín de preparativos para ir a Misa. Era difícil dormir un domingo tranquilo teniendo por compañera de lecho a una mujer religiosa. A menudo él se burlaba de la religiosidad de Adela, alimentada sólo por la costumbre dominical, pero ella se defendía arguyendo que era preciso pensar en la salvación del alma. Salvar el alma era una frase que también a él le había preocupado en otra época. Dejó de preocuparle el día en que creyó descubrir que no tenía alma.

Subió las escaleras largas y estrechas. El mirador que ocupaba con Adela estaba en la azotea del segundo piso. Hubiera sido una vivienda aceptable si los inquilinos del edificio no se empeñaran en secar sus ropas en los alrededores. Toda intimidad resultaba imposible. Adela cubría las ventanas con cretonas gruesas, pero era inútil. Él sentía aversión por el mirador y sólo lo toleraba de noche. Adela, en cambio, vivía allí a gusto.

Abrió la puerta sigilosamente y cruzó a tientas la salita. Sentía una sed angustiosa. Bebió largamente en la cocina. El agua le supo amarga y no logró apagar su sed. Volvió a cruzar la pequeña sala y entró en la alcoba. Desnudóse rápidamente. Luego metióse en cama.

Del cuerpo desnudo y tibio de Adela se desprendía algo suave y sedante. Él rodeó su vientre y lo atrajo hacia sí. Adela tenía un hermoso vientre maternal, y en ocasiones, cuando lo estrechaba contra el suyo, experimentaba la sensación de formar parte del cuerpo de ella; como un niño antes de nacer. La sintió desperezarse a medias y lanzar un tenue gruñido de satisfacción. Su mano fue a caer suavemente entre las piernas de él.

Era preciso aturdirse. El miedo hacía presa en esos minutos precursores del sueño. La inminencia del sueño, una especie de muerte pequeña y diaria, acrecentaba su angustia. El sueño era una cosa inexorable, fatal. Había que sucumbir a él. Y esto le aterraba. Por lo menos debía llegar cuando el cuerpo estuviese tan agotado que no le sintiese invadir los sentidos. Sin embargo, despertar era también doloroso. Nacer todas las mañanas para morir por las noches. Hacerse toda una vida diariamente. Era demasiado exigencia.

La mano de Adela empezó a acariciar sus muslos. Él le mordió el cuello y estrechó su vientre fuertemente contra sí. Sintió de súbito una gran gratitud hacia ella y prometióse compensarla de algunas desilusiones pasadas. Siempre experimentaba esa gratitud antes de iniciarse el juego sexual. No era un sentimiento extraordinario. Más bien, un detalle de la rutina. Luego dormiría hasta tarde. Al despertar sentiría otra vez el miedo de tener que hacerse un nuevo día en su vida.

LA CHIRINGA AZUL *

¡... Nunca he podido, por desgracia mía,
encampanar el volantín de un sueño.
sin que el demonio que me tiene rabia
me corte el hilo en el azul del cielo!

JOSÉ DE DIEGO.

La veía flotar allá, contra lo azul, azul ella misma,
pero de tono más intenso, casi añil, como teñida
por *jiquilete* taíno, victoriosa al fin de ganar altura,
serena y majestuosa ahora, con vuelo altivo de
cóndor, águila o quizá de *guaraguao*, pero nerviosa
y ágil luego, en la lucha suprema, cuando se deci-
diría su propia supervivencia. *Matarás al Demonio,*
chiringa mía. ¿Pero podría hacerlo?
Entonces él no conocía al Demonio. No tenía seguridad alguna ni garantías de que en verdad existiese, excepto en la cartilla del Catecismo y en el
Infierno, lejano, remoto, inconcebible casi y, por lo
tanto, no amenazante ni aterrador, pues las pailas
de aceite hirviendo son para los pecadores (los de
alma dura como las rocas que bate el mar) y él en
verdad no era pecador y su alma tampoco dura,
sino más bien tierna, blanda como la pulpa del
guamá y, como ella, blanca, ya que a los nueve
años ése es el color que predomina adentro aunque
el sol por fuera haya dorado con juguetona inten-

---

* Publicado, en traducción inglesa de Eloise Roach, en la
revista *Américas*, Washington, D. C., y luego, en el original
español, en *Asomante*, número 3, de 1966.

sidad la piel. Y de los nueve, sólo el último había
pasado aquí, pues los otros ocho habían transcu-
rrido en aquel campito de Utuado, tan oloroso a
tierra y humedad de cafetos, *Nene, corre. Si no
vienes pronto, el gatito se lleva tu comida*, tan
verde todo y tan limpio, excepto algunas noches,
cuando dormido, hacía pipí en la cama (cosas de
niño que ya él no hacía, claro está).

Salió a la puerta con la chiringa en la mano derecha y el rabo multicolor, *No, hijito, ya no hay más
tiras en la casa*, enrollado en la muñeca izquierda.
Era grande la chiringa. Una chiringa de verdad, au-
téntica, hecha a mano, cuidadosamente, no como
esos llamados «cometas» que regalan en los super-
mercados, fabricados en serie, iguales, insulsos, bo-
balicones en su comportamiento, incapaces de alcanzar el cielo o de recibir «mensajes» por él escritos para las estrellas. No, no, ésta era distinta.
Él sabía de chiringas. Gracias al padrastro. Porque
sí, es cierto, a veces es difícil tener un padrastro,
pero a veces no. Cuando está de buen humor, cuando no bebe mucho, es casi como el padre que nunca
se conoció. Puede ser cariñoso entonces y enseñarle
a uno cosas de importancia suma, como ésa de
hacer chiringas (de hacerlas bien).

Y la había diseñado el padrastro. Pero la hizo él.
Después de haber buscado y rebuscado pacientemente algunos materiales, de haber ahorrado y
comprado otros, de haber realizado trueques por
cosas para él valiosas. A base de sacrificios, podría
decirse, si no fuese porque hacer y poseer la chiringa constituía felicidad tal que nada de lo por él
hecho debía llamarse sacrificio en verdad.

Bueno era el diseño (del padrastro, cuando bien-
humorado y cariñoso se decidía a ser un padre),
buena la hechura, la adecuada proporción de las va-
rillas, las gacetas justamente medidas, el rabo, con-
trapeso del largo preciso para mantener el equili-

brio en toda posible cabezada o culebreo, y el hilo
fuerte, sin riesgo de que la chiringa pudiese irse
«a justa» por los enérgicos o impacientes tirones de
su dueño y manipulador.

Sonrió orgulloso. Pues al bajar el escalón de cru-
jiente madera carcomida, vio al otro en espera, observarle con admiración. Tendría a lo sumo siete
años. Y podría ser su hermano menor. Pero era sólo
su vecino. Porque sus hermanos eran todos mayo-
res que él. Y, prematuramente casados o aventure-
ros, honrados o rebeldes de su condición, habían
ido desperdigándose por la vida, en ese inevitable
desgajamiento de la familia cuando madura y se
achica, secándose, como fruto que ya ha cumplido
su misión de servir generosamente al mundo, la naturaleza o Dios.

Fingió ignorar la admiración del otro y, pasando
decidido junto a él, le hizo una señal que podría ser
imperiosa y que el otro interpretó como *Vamos*
o quizá sólo *Sígueme* y se dirigió, cuesta abajo, por
el callejón maloliente a lo que debía ser playa o,
por lo menos, playa del arrabal.

Y lo era (playa del arrabal), pues no podía considerarse en verdad playa, puesto que el mar —océano le llamaban los que pretendían saber tanto—
moría (sólo un decir, porque aquel mar del demonio vivía amenazadoramente cada día más) en las
rocas o arrecifes sobre los cuales se erguían los
débiles zocos de las casas más miserables del
arrabal.

Pero se sentía feliz. Porque con él llevaba la chiringa. Y era azul, azul intenso. Casi color añil. Aunque inútilmente, porque una chiringa necesita espacio libre, infinito, para cumplir su misión de aspirar
al cielo. Y allí no lo había, como lo demostraron
los intentos de elevación o vuelo, obstaculizados
por la valla de casuchas con sus irregulares y ame-
nazantes aleros de zinc mohoso y roto, y la inquie-

tud peligrosa y resbaladiza de las rocas, y el mar.
Y gracias al otro, quien la rescató, con agilidad,
a tiempo, no sumergió, en cabezada, su preciado color añil en el color sucio y terroso y pestilente de
aquel mar, allí donde desembocaba el tubo enorme
de aguas negras, no por ello menos asqueante y
nauseabundo (repulsivo en fin). Y, a pesar de todo,
no pudo evitarse que el rabo se empapara de aquella agua densa, alterando, momentáneamente, el
equilibrio que, en términos de peso, ha de mantener la delicada y complicada ciencia de los que
nacieron para alcanzar alturas, llámense chiringas
o arcángeles o querubes del Señor Papá Dios (remi-
niscencia del nombre que él le había dado al Dios
Padre mientras fuera sólo un niño; antes de sus
nueve años, claro está).

Y el otro, que podía ser su hermano menor, fue
quien señaló hacia el claro del arrabal donde se
levantaba el poste negro y alto, esclavo ciclópeo en
servicio público, resignado e inmóvil, dócil a pesar
de erguir puerilmente su vegetal dignidad. Pero
al llegar al claro pudo leer el letrero aquel: *Peligro.
No volar chiringas. Cables de alta tensión.* Clavado
en el poste.

Tuvo un instante de desaliento. Sólo un instante,
porque al alongar la mirada más allá del arrabal
de La Perla, más allá —más arriba— del viejo ce-
menterio con sus ostentosos y agrietados mausoleos
de antiguo mármol de Italia, se destacaba nítida la
imponente muralla del Morro. No de mármol ésta,
sino de piedra dura de la Isla, aguantadora de siglos
y del mar furibundo, y de asaltos guerreros del
inglés y el pirata y el holandés también. Y esto lo
sabía no porque se lo hubieran enseñado en la
escuela, sino por haberlo leído en un almanaque
que, por puro accidente, cayera en sus manos, meses
atrás.

Y sabía, además, que detrás de aquellas murallas

había una deliciosa extensión de grama verde y sedosa, ideal, sin duda, para volar chiringas. Lo sabía porque la había visto. Aunque sólo fuese de refilón.

Llegaron ambos con la chiringa azul, al punto donde concluye el Boulevard del Valle y donde en otros tiempos comenzaban los terrenos sanjuaneros de San Felipe del Morro. Pero ahora estaban cerrados por una valla y en dos columnas de concreto armado, que flanqueaban la entrada, se leía el nombre en inglés: *Fort* en la columna izquierda y *Brook* en la de la derecha, en letras gruesas, negras, casi diríase agresivas y hasta feas también. Y la pequeña caseta de madera a la derecha, donde un soldado rubio y joven y adusto hacía señales de tránsito con sus manos albamente enguantadas. Y fue la mano de algodón blanco la que se abrió para impedirles la entrada.

No entendió bien el inglés del centinela. Pero había visto el gesto obvio de *No pueden pasar.* Lo cual no resultó sorpresa alguna porque la vida, aparentemente, se componía de gestos y frases similares: *No pasar, Peligro, Prohibido*, a las cuales ya él se estaba acostumbrando, demasiado (por su inusitada frecuencia, quizá).

Trató de explicar en el lenguaje, que juzgaba universal, de su mímica que él —ellos— sólo querían elevar una chiringa —aquella azul, tan linda que el centinela podía ver— en el campito de grama verde y suave, tan abierto, sin postes negros ni cables de alta tensión —tan apropiado para lo que él —ellos— intentaban, que no era otra cosa sino volar, en plena libertad, una chiringa azul.

Pero aunque no entendió bien todos los argumentos del centinela rubio y joven y adusto, percibió y comprendió algunas palabras sueltas, *Army, club, golf, guests*, y coligió que el campo libre encerrado dentro de las murallas sanjuaneras de San Felipe del Morro no era libre en verdad, sino que

13

resultaba ser algo así como un club de «golf» para los oficiales, que en tiempos de paz no tienen nada útil que hacer. Como podía verlo desde allí: los oficiales ociosos y sus invitados, dándole pueril- mente a una pelotita blanca con bastones delgados, pero invertidos, para luego ir, perezosamente, tras de ella y darle otra vez con el mismo bastón inverti- do o con otro más o menos igual. Casi le dio risa por- que todo aquello le parecía demasiado infantil, pero al mismo tiempo sintió indignación que por ello no se pudiera realizar allí lo que realmente era importante: elevar la chiringa azul. No obstante, se encogió de hombros. Ya él estaba acostumbrado: *No pasar. Peligro. Prohibido.* Y le volvió la espalda a «Fort Brook».

Al otro se le escapaba a torrentes la admiración por los ojos. Y él, consciente de ello, hacía alardes de su destreza, manejando el hilo con seguridad ab- soluta, alternando tirones suaves, apenas percepti- bles, con tirones fuertes —a la izquierda, a la de- recha—, acortando en brazadas algunos metros de hilo para de súbito soltarlas, o enviando «cartas» a través del hilo, a la «estación» aérea que era la chiringa azul, con un mensaje cordial, *Saludos a las estrellas* o amenazante, *Detener el Sputnik IV,* o humorístico, *San Pedro, no me esperes todavía. Tengo mucho que hacer acá,* mientras el cuerpo avanzaba o retrocedía, y los pies se trenzaban y el torso se volvía rítmicamente como si todo él ejecu- tara un inesperado ballet.

Allá, en lo alto, estaba ella, aparentemente olím- pica, indiferente al mundo, segura de sí misma, pero sensible a la más imperceptible señal que el hilo le trajera de la mano amiga, alerta al deseo más recóndito del corazón que la creara, tranquila, casi inmóvil, o ligeramente estremecida, o cabecean- do, o culebreando peligrosamente, peligrosamente, para volver a ascender triunfante, o fingiendo «irse

a justa», y caer, caer, para dramáticamente tomar
de nuevo altura, arrogante, majestuosa, serena otra
vez bajo aquel cielo tan nítidamente azul.

Y él se había tendido sobre la tierra dura, áspera
—no había grama suave y aterciopelada como en el
campo de «golf» —y sonriente, feliz, mantenía el
hilo inmóvil. Y el otro a su lado, en un mero em-
beleso, mirando hacia lo alto. Y ella, también inmóvil, casi. Los tres unidos por el silencio de la
tarde que consistía de un leve susurro del viento y
el languidecer de las olas, abajo en la playa.

Porque habían conseguido el sitio adecuado más
allá del otro fuerte, el de San Cristóbal, no lejos
del Capitolio, en el lugar donde la alcaldesa hacía
colocar en las Navidades el Nacimiento y los Tres
Reyes colorinescos de cartón. Él había recordado el
lugar no tanto por eso, sino porque el padrastro
—cuando decidía ser padre y bueno— lo había llevado allí cerca, a la playa, bajando cuidadosamente
por el peligroso acantilado, para nadar y zambullir
y gozar con el mar como era imposible hacerlo en
la costa hostil y pestilente de su propio arrabal.

Y ahora ella, en lo alto, inmóvil, entre el cielo y
la tierra, gozando casi metafísicamente de aquella
momentánea inmovilidad. Arriba, Dios, desde luego.
Y abajo, a sus pies, *Pies no, rabo más bien,* la isleta
de San Juan. Pero no sólo la isleta. El área metro-
politana toda, lo que constituía esa ciudad agresi-
vamente moderna que, sin embargo, llevaba el dulce nombre de San Juan. Y un cordero pascual echado sobre el Libro de Dios. Y el azul de cielo pálido
y límpido que era el mismo donde refulgía una
estrella sola. (El lucero del alba, quizá.) Todo allí,
entre la tierra y el cielo, destinado a la paz, los
sueños, la altura, la serenidad.

De pronto, ella oyó el ruido. Un ruido alarmante.
No, no era el de un avión. Menos estruendoso, sin
duda. Pero intuyó, por el estremecimiento del hilo,

que esto era mucho más amenazador. Vio o percibió la sombra del ente amenazante acercarse de modo peligroso, peligroso, y subir, subir a su lado, más alto que ella...

Él había estado distraído manteniendo complacidamente la serenidad de la chiringa azul. Y, de súbito, surgiendo de la nada, vio elevarse al Demonio. Era rojo, desde luego, como salido del Infierno en el Catecismo dominical. Y los cuernos eran negros. Su arte diabólico lo había convertido en una chiringa, pero una chiringa «torito», de tamaño más que regular. Y negros eran los flecos y festones que producían aquel sonido, *tritritritri*, amenazador. Negros, como el vestuario de los ejecutantes de aquella cosa horrible que llamaban Inquisición según se veían en libritos protestantes que circulaban en el arrabal. El Demonio, la Inquisición. Dos cosas horribles, de espanto, contra la nitidez serena de un cielo sanjuanero y azul.

De primera intención, la sorpresa casi lo paralizó. Y sólo el hilo trasmitió de modo imperceptible su emoción. Pero, al fin, incorporóse bruscamente. Y se puso de pie. El Demonio, era obvio, estaba en plan de destrucción —*matarás al Demonio, chiringa mía*—. Y puso en juego, desesperadamente, su habilidad. Pero la chiringa azul, a pesar de su destreza, estaba en desventaja ante el asedio incesante, implacable, de la chiringa demoníaca e inquisitorial. Y sólo la huida era posible. Porque él había descubierto en el rabo largo del enemigo unos reflejos acerados y extraños. Y comprendió finalmente. Había cuchillas asesinas en el rabo del ente infernal.

Echó a correr por el estrecho predio de tierra árida, pedregosa, dura. Y tras él, la chiringa azul. Pero llegó al borde del acantilado. Y abajo era el abismo. Estaban acorralados.

Desesperadamente enrolló hilo en el carrete. Traerla a sí. Salvarla. Y el Demonio, imponente, con

vuelo impasible de águila, buscando con su rabo
asesino el punto vital, sensible, del hilo que daba
altura a la chiringa azul.

Y ocurrió. Era inevitable que ocurriera. No hubo
sangre ni gritos. Sólo el espanto del tajo, y un dolor muy hondo en el corazón del niño (casi pavor
en los ojos del otro) mientras la chiringa azul, en un
temblor de angustia, iniciaba el alejamiento y la
caída, sin orientación ni rumbo, alejándose, perdida-
mente, de lo que daba —le había dado— seguridad,
raíces, perdiendo altura, alejándose, alejándose, más
allá del Capitolio, de la Avenida Ponce de León, la
estatua de la Victoria (¿victoria de qué?), hacia
la bahía, los muelles de la Marina de Guerra, más
allá de los barcos de acero con su gris tan oscuro,
hacia las aguas turbias y contaminadas de la bahía,
hacia el vacío, la muerte, o quizá sólo la nada.

Ambos habían permanecido inmóviles, mudos, pa-
ralizados, impotentes, ante lo fatal e inevitable. Pero
él, de pronto, echó a correr. Fue un impulso irracional, cuya inutilidad oscuramente intuía, pero peren-
torio, urgente, necesario para saber que, por lo menos, vivía. Y la carrera se hacía suicida atravesando
avenidas de enloquecido tránsito circulante, con el
chirriar dramático de frenos y las voces iracundas
vociferando insultos o maldiciones o sólo frases hirientes, y el empujón al policía que intentó detener-
lo, y la otra avenida, el escándalo de *claxons*, y el
golpe del guardalodo contra su muslo izquierdo,
corriendo, adelante, corriendo siempre hacia la vida
o la muerte (o lo que fuera) y el tropezón y la caída
en la acera, y la nariz sangrante, sin sentir nada,
excepto el grito que no llegaba a articular su garganta, pero que circulaba furiosamente por toda su
sangre ardida: *Chiringa, chiringa mía*, corriendo,
corriendo siempre.

Hasta que dio contra la valla alta de alambre de
acero tejido con el letrero, el eterno letrero: *No*

trespassing. Y nada más. Porque después eran los muelles militares, y los barcos de guerra y el alarido atroz de las sirenas en el puerto. Y luego el silencio. Aunque no del todo, porque ya la chiringa azul no se veía, y se oyó un sollozo que quizá sólo fuese un jadeo de siglos. Y las palabras, circulando prisioneras en la sangre ardida, encontraron al fin su articulación en grito: ¡*chiringa mía!*

EN UNA CIUDAD LLAMADA SAN JUAN *

You don't belong with them, and you know it.
But me, I belong with them, but I don't; see?

Eugene O'NEILL *(The Hairy Ape)*

Las campanas de San Agustín sonaron nítidas bajo la noche adormecida de estrellas: las tres de la madrugada. Le dio un tirón a los faldones de la chaqueta, respiró hondo y miró al cielo. A sus espaldas languidecía el cornetín del combo en el Palladium. Había bebido mucho, pero estaba sereno. Sería mejor decir sobrio. Sereno no. No podía estarlo sintiendo otra vez la urgencia de no comprometerse en un mundo angustiosamente comprometedor. E hizo un esfuerzo por no preocuparse demasiado.

> *Lástima que de día no brillen las estrellas.*
> *(La noche es buena.) Deberían brillar*
> *siempre las estrellas. (La noche es libre.)*
> *El sol es cruel matando las estrellas. (La*
> *noche es vida.)*

Sin saber por qué pensó en Dios. No el Dios católico y manso rezagado allá, en algún rincón de su infancia, sino el Dios protestante y bíblico de voz atronadora: *¡Hágase la luz!* Y la luz se hizo. Pero él no podía soportar la luz. Porque la luz cegaba y comprometía. Era mejor la penumbra del Palladium

---

* Escrito en 1959 y basado en un hecho ocurrido en San Juan dos años antes.

que daba a su ser la sensación de fuerza que no experimentaba afuera. Porque afuera se sentía inerme: una sombra más en aquella ciudad llamada San Juan. A cuya entraña pertenecía y en cuya entraña se sentía ajeno. ¿Por qué volvía a ella siempre? ¿Por qué esta peregrinación anual a la ciudad que le acunó y le dio vida y a la cual, sin embargo, de modo irracional, no podía considerar suya? Era como una búsqueda de sí. Como si esperase algún día encontrar en ella su raíz propia o su sentido. ¿Pero cómo encontrar la raíz si sabía que premeditadamente se mantenía ciego y sordo a la realidad? ¿Cómo dar con el asidero si sus manos se mantenían laxas, impotentes para el gesto salvador de agarrarse a su circunstancia y exprimirla, torturarla, hasta obtener de ella su más íntima autenticidad? Había en él como una oscura conciencia de que sólo se encontraría a sí mismo descubriendo, de algún modo, el sentido oculto de la ciudad. Y esbozaba las interrogaciones: ¿Por qué San Juan reía sin querer, por qué mostraba aquel vacío en medio del bullicio, por qué había en ella una falla fundamental que no la hacía ser ciudad, verdaderamente ciudad? Y las preguntas rebotaban de San Juan a él. Y era él quien interrogaba, no sobre la ciudad, sino sobre sí mismo. ¿A qué precio puede la sombra de un hombre llegar a ser un hombre? Y pensaba que quizá era preciso asumir responsabilidades, comprometerse. Pero la idea era aterradora. Y la rechazaba de modo sistemático.

Echó a andar hacia la avenida Muñoz Rivera. Y una vez más sintió la molestia del revólver. ¿Cómo se las arreglaba su cuñado para cargar un arma sin tener conciencia de la misma? *Si vas al Palladium mejor lo llevas. Ultimamente se arma cada lío...* Total, él nunca había necesitado usar un artefacto como ése. Pero no quiso mostrar aprensión alguna a su cuñado. *Está bien. Lo llevaré.* Ahora tomaría el

autobús de regreso hasta la Plaza de Colón. Otra
noche que terminaba bien. Llegaría temprano a La
Perla. Sólo las tres de la madrugada. Se metería en
cama callandito. Era preciso no despertar a los so-
brinos. A las ocho estaría en el aeropuerto. Sólo
unas horas más, y otra vez en Nueva York. Hasta el
año próximo. *Buena planificación: trabajo en la
urbe, vacaciones en San Juan.*

Sonrió al cruzar la avenida Muñoz Rivera. Dormiría de un tirón el resto de la madrugada. En la
parada de autobuses esperaba un infante de Marina. El alumbrado potente de lámparas de mercurio
se tragaba la luz parpadeante de las estrellas. La
figura inmóvil del hombre en uniforme hacía resaltar aún más la soledad iluminada de la avenida.
Al acercarse, notó que tenía un cigarrillo apagado
en los labios.

—*Got a match?*

Estaba demasiado absorto para percibir la brusquedad de aquella petición. Extrajo con ademán
automático la cajetilla del bolsillo y, formando una
pantalla con sus manos ahuecadas, encendió el fósforo. Luego lo acercó solícito al rostro del extraño.
Mientras el otro encendía, tuvo una súbita sensación de incomodidad. Conocía aquella cara. De pronto lo supo: en la casi oscuridad del salón de baile
del Palladium, el hombre que había intentado arre-
batarle su pareja. Lo recordaba junto al bar, al pie
del gran diablo rojo pintado en la pared. En fin,
un incidente sin importancia. Pero ahora su mano
temblaba ligeramente y la llama del fósforo llegó
a rozar la barbilla nítidamente afeitada. El otro
echó la cabeza hacia atrás.

—*Nervous, spic?*

El insulto le tomó desprevenido. Tanto, que creyó
haber oído mal. Era posible que el hombre hubiese
emitido un sonido similar. *Stick*, quizá. O *slip*.
Nick o *Dick* también. Guardó rápidamente la caje-

tilla de fósforos en el bolsillo de la chaqueta, sintiendo que la cara le ardía. Se alejó del marino y se puso a mirar obstinadamente en la dirección en que habría de aparecer el autobús. Pero era estúpido. La avenida estaba desierta. El autobús no aparecería más pronto porque él mirase en aquella dirección.

Necesitaba concentrar en algo. Y pensó en el rostro infernal de aquel diablo rojo pintado en la pared del Palladium. Sin embargo, la figura diabólica del mural estaba ya relacionada con el marino rubio. Hizo un esfuerzo y rechazó la imagen. Resultaba imposible no pensar. Al menos era preciso encauzar sus pensamientos hacia algo inocuo. Y, de un modo absurdo, se puso a calcular su relación, en aquel instante, con la geografía del lugar.

Estaba de pie en la acera norte de la avenida Muñoz Rivera. A su espalda, el mar (podía oír cada marullo gemir un largo *chaas* sobre la arena). Frente a él, más allá de la avenida, las luces rojas de neón: *Palladium*. A su derecha, bajo el poste... el infante de Marina. ¡Cuán fútil tratar de ignorarlo! Era parte de su mundo. No quiso mirarle, sin embargo, y se volvió hacia la izquierda. Casi de inmediato, sintió los pasos.

Sintió los pasos a sus espaldas, lentos, pesados (el tacón: *tac*, primero; luego la suela *sha*). Aguantó la respiración. Deseó volverse, pero hizo un esfuerzo bestial por mantenerse inmóvil. Si se daba vuelta podría creerse que tenía miedo. Por otro lado, un gesto suyo, un gesto cualquiera, resultaría quizá comprometedor. Permaneció rígido, la mirada perdida en el vacío, los nervios como radares múltiples: *tac-sha*, *tac-sha*, *tac*... El otro se había detenido. Hubo un silencio eterno de sólo unos segundos. Luego los pasos, alejándose esta vez, premeditados siempre, *tac-sha*, *tac-sha*, exasperantes. Al fin, otro silencio... Nada. Sólo el *chaas* largo de los

marullos sobre la arena. Pero sabía que estaba allí,
otra vez bajo el poste. Y el autobús no llegaba.

Hizo un nuevo esfuerzo por concentrar su atención en algo ajeno a la figura cuya presencia silenciosa pesaba tanto sobre su nuca. Echó una mirada
en derredor y descubrió, muy cerca de él, clavado
en el césped que bordeaba la acera, un pequeño
letrero amarillo. Las letras eran negras. Leyó rápidamente: *Federal property.*

De primera intención no le encontró sentido a
aquello. Pero luego comprendió. El césped era propiedad federal. También la playa, a sus espaldas.
En cambio, la acera era propiedad insular. Volvió
a pensar en términos geográficos. Imaginó, como
en una vista aérea, la isleta de San Juan. Y entendió por vez primera algo que jamás se le había
ocurrido. Fue como el chispazo de una revelación. Su ciudad estaba sitiada: La Puntilla, Isla
Grande, La Aduana, Casa Blanca, El Morro, San
Cristóbal... Y allí, toda aquella costa donde los
marullos reventaban para morir en la arena con
un largo y manso *chaaaas.* Y el césped: *Federal
property.* Casi sin proponérselo, dio un paso atrás.
Y no pudo menos que sentir una sensación extraña.
Porque ahora él, como un coloso de la edad heroica,
pisaba simultáneamente dos mundos: el césped y la
acera. Y la avenida, desierta. El autobús no llegaba.

Oyó risas y vio salir dos mujeres del Palladium.
Casi simultáneamente percibió el otro sonido. Era
inconfundible. Sin embargo, no pudo menos que
dar la vuelta para cerciorarse. En efecto, era eso.
Sintió una mezcla de rubor e indignación. ¿Por qué?
Al fin y al cabo... No era el acto en sí. Pero el lugar.
Detrás estaba la playa en penumbras. Hubiera podido... De todos modos era la actitud. El infante
de Marina estaba en el borde del césped y desde
allí orinaba ruidosamente sobre la acera. El chorro
era ya un torrente que bajaba por el concreto,

amenazando sus pies. Las mujeres del Palladium se acercaban. Y sentía el chorro escandaloso, irritante: el caudal extendiéndose, avanzando hacia él, más próximo, más próximo. De pronto, el hecho pequeño y específico fue transformándose a sus ojos en algo monstruoso, hecatómbico, como si una fuerza arrolladora hubiese invadido la ciudad e intentase arrasarlo todo, todo.

—*You shouldn't do that here* —advirtió en voz que quiso hacer reposada mientras retrocedía para salvar sus pies.

El infante de Marina sonrió, acercándose a él.

—*Who cares?*

Y de modo imprevisto, sin motivo, sin lógica, las dos manazas se alzaron al unísono.

—*Who cares about nothing in this fucking city?*

Los labios, inexplicablemente, sonreían. Y las dos manazas fueron a estregarse en la cara color canela.

Nada que pudiera compararse a un golpe, por leve que éste fuera. Ni el más ligero arañazo. Un simple manoseo, sin presión ostensible, como si los dedos impuros untaran sobre la piel, casi con suavidad, un ungüento inexistente.

Y, sin embargo, jamás había experimentado desgarrón tan espantoso. Era como si de súbito un ser terrible le hubiese arrancado de un tirón todos sus atributos humanos. Y le pareció que, en efecto, una fuerza avasallante estaba ante él clamando por la destrucción de su ciudad, y por la suya propia, intentando convertirle en materia infrahumana, en cosa u objeto; mineral, vegetal quizá. Y sintió agónicamente la urgencia de evitarlo, de salvar a San Juan salvándose él. Aunque no tenía noción alguna de cómo lograrlo.

Instintivamente, su mano izquierda había rechazado la agresión, empujando brutalmente el cuerpo del ente (diablo rojo o dios destructor), mientras con ademán simultáneo, absurdamente pueril en su automatismo, la mano derecha buscaba el pañuelo para limpiar el rostro afrentado. Y sus dedos, en el bolsillo donde guardaba el pañuelo, tropezaron con algo duro y frío, suave al tacto, y, sin embargo, frío y duro como es el mineral, aunque no percibió tanto su frialdad ni su dureza porque él también, en el instante mismo del contacto con el objeto, se sintió objeto, duro y frío, mineral en fin.

Por eso, cuando las manazas inmundas se alzaron de nuevo para completar la destrucción (¿la suya?), ¿la de San Juan?), su mano (la suya propia), dura y fría bajo la luz potente de las lámparas de mercurio, produjo aquel ruido espantoso, que era igual al que produjera Dios (el soberbio y tonante) cuando dijo: *¡Hágase la luz!* El mismo ruido de espanto metafísico que estremeciera al mundo cuando Dios (el triste, el melancólico) sopló sobre un puñado de barro y murmuró acongojadamente: *Eres el Hombre.* Y ante el ruido de la mano mineral, el dios diabólico trocóse en fardo y doblóse en dos, cayendo la parte superior de su cuerpo sobre la grama (¿por qué ahora roja?) y la parte inferior (la inmunda, con su indecencia al aire) sobre la acera gris.

Él vio el cuerpo inerte iluminado por los faroles de un autobús largamente esperado y supo que su mano era de nuevo humana porque estaba temblando, y la sintió empapada en sudor. Y a sus oídos llegó el taconeo de dos mujeres que huían despavoridas. Y su conciencia percibió la totalidad del hecho: No era ya objeto, no era cosa mineral o vegetal, no era animal siquiera. De pie, entre el mundo de la playa y el mundo de la avenida, era, irremediablemente, un hombre. Un hombre de pie frente al sentido revelado de su ciudad. Y un autobús jadeante que ha detenido su marcha. Y una ruta única marcada en el costado sangrante del autobús.

Este libro, «Una ciudad llamada San Juan», de René Marqués, se terminó de imprimir en los talleres Tordesillas, Org. Gráf., Sierra de Monchique, 25, Madrid, el día 24 de enero de 1970